上海体育大学马克思主义理论研究

专项出版资助计划

刘云龙◎著

走向『个体创造性实践』

马克思主义文化哲学中国化研究

辽宁人民出版社

图书在版编目（CIP）数据

走向"个体创造性实践"：马克思主义文化哲学中国化研究 / 刘云龙著. -- 沈阳：辽宁人民出版社，2024.11. -- ISBN 978-7-205-11360-5

I. B0-0；G02

中国国家版本馆CIP数据核字第20246H2S81号

出版发行：辽宁人民出版社
　　　　　地址：沈阳市和平区十一纬路 25 号　邮编：110003
　　　　　电话：024-23284325（邮　购）　024-23284300（发行部）
　　　　　http://www.lnpph.com.cn
印　　刷：辽宁新华印务有限公司
幅面尺寸：170mm×240mm
印　　张：14.5
字　　数：190千字
出版时间：2024年11月第1版
印刷时间：2024年11月第1次印刷
责任编辑：董　喃
装帧设计：留白文化
责任校对：吴艳杰
书　　号：ISBN 978-7-205-11360-5
定　　价：78.00元

自　序

　　也许人并不是这个世界上唯一的智慧生命，但人应该是唯一会自我拷问的生命，自我拷问从来都不会是一件非常愉快的事情，不管是出于何种目的，采用何种方式，想要得到什么结果。人拷问什么，人应该拷问什么，为什么人会去做一件未必得到答案，甚至未必都得到快乐的事情，但人已经孜孜不倦，因为这是人的文化，或者说人实际上在拷问的就是自己的文化。曾经有著名文化哲学学者将人的世界分为"自在的世界"和"自觉的世界"，实际上人只有一种文化世界，就算是最为"标准"的"自在的世界"——自然界，也都早已是被所谓"自觉的世界"纳入其中，成为它的"自在之物"了，探求一个自然界是什么样子，实际上就是在拷问在某一文化世界中，自然界是一个什么样子，抑或说是诞生于文化中的自然，从未进行过切割与分化，自然即文化，文化即自然。当我们在观察一个自然现象或者自然物种的时候，我们会想到造物主，想到祖先，想到达尔文的进化论，想到诸多科学解释，而我们在用无数的自然科学理论、文化历史遗存所努力解释的真正是什么，无外是文化赋予人的崇高、卑下、历史感等文化性感受的再一次例证而已，山松依旧，而人心戚戚焉。文化是一种盖在现实世界上的帷幔，也是我们理解世界、认识世界的唯一桥梁，人在文化中生存、生活以及死亡，一切看起来是自然的，或者自然而然，而我们最应该追问的是一种人的真实性，或者更为具体的来说，是个体的真实性。这种真实性直接关涉的是个体对于自身生命的感受，我们常常批判封建礼教对人的压抑与束缚甚至戕害，但是封建礼教依然是由人所建立的一种人的文化性生存模式。在礼教之中的人的自我情感，在现代角度看来是受压抑的、不真实的，但身处于其中的人在未觉醒的时候看来却是丰满且真实的，而且可以作为人生的圭臬而奉行终身，否则我们就不会看到那些文化遗存。如果我们站在当代这个角度上去审视，对于那个时代的人会无限惋惜，哀其不幸怒其不争，但是一百年后，会不会也有另一个时代人怀着同样的悲悯之心看待我们呢？那么是我们对于文化中的人的理解更为真实，还是封建时期的人的文化生存体验更为真实？两种看起来截然不同、水火不容的人的文化存在方式确确实实存在于同一片土地上，甚至是同一屋檐下的两代人之间。

人在文化中的真实性，并不是一个认识论的问题，也不是一个文化的本体论问题，而是一个人与文化关系的问题。文化对于人而言是一种什么样的状态。文化本质上没有高下优劣之分，所有看似文化的问题实际上都是社会存在的比较性问题，因为社会存在之间的碰撞总是物质性的，物质性的碰撞就有鸡蛋与石头的区别，即所谓的高下立见在于鸡蛋与石头针锋相对的搏杀中。如果没有物质性的碰触条件，鸡蛋代表生命和希望，而石头则代表一种鼎盛至僵化而只能走向颓势的趋势。如果把鸡蛋与石头作为文化让人择而居之，那么估计多数人会选择在鸡蛋之处生活，因为一个不包容生命、不理解生命、不爱护生命、没有未来发展变化可能僵死的文化形态，对于一个终将走向死亡的个体而言，那必将是无比痛苦和悲哀的。不是因为作为个体的人是必死的，是永远无法走到无限的彼岸，而是因为个体需要感受到自己是"活"的，自己在文化之中是一个真真实实存在过的人。文化的发展，文化的进步，不是一个个庞大而复杂的文化景观，恰恰在于每一个个体的自由个性，每一个个体能够在有限的人生中找到自我成就、自我发展的"终章"。马克思主义所追求的人的自由全面发展恰恰是每个个体自由个性的全面发展，而不是模式化的自由发展，人的可贵之处不是服从于文化，而是人能够创造文化，并以之组建自己的生活。

百年前，文化中国遭遇了物质中国的颓败，但文化中国所造就的人的文化习惯、人的文化生存方式却依然在人们的文化选择与文化生活中以极为隐蔽却又非常显性地表达出来。儒、道、释三者并行与互动的文化结构在面对现有文化无法解释甚至接受的巨大现实冲击时，出现了文化发展层次上的一种断裂。文化的先行者们开始了一种激烈的文化选择，一方面要"全盘西化"甚至把中国文字都推倒而代之以字母文字，另一方面则努力维持着中国传统文化主张"中体西用"的最后体面，两方在中国文化最终的走向问题上出现了两种极端的文化选择，就像两个抓住白纸两端不断拉扯的角力者，最终的结果只能是——文化与现实生存的彻底断裂。主张"全盘西化"者最终仍生活于长衫与马褂之中，以不断地启蒙来面对一潭"死水"，所有的主张都如同扔进浩瀚江河里的一个石头，确实激起了一朵浪花，但旋即也就消失了。主张道统者要求"西体中用"，结果除了引儒家经典，要求"修明德以招远人"，希望历史能够再一次轮回，使西夷化于东土而再续辉煌，文化发展的方向变成了什么现实的路径"好"就拿来用，什么有用过，就拿来再试一遍，民族文化潜意识里的"宗经性"文化思维模式就十分清晰地显露出来。这种文化发展选择性的盲目，以及两种文化发展道路的南辕北辙，正暴露出明清以降，中国文化进入到总结期，封建社会的统治走向顶峰而使文化发展举步不前的现实后果，是中国文化丧失了自我进行文化更新与文化创造的能力的后果。那么我们再追问一句，是什么原因造成了这种文化发展的问题，只有一个原因是最为根本的，那就是文化的人，正是文化的人——个体，丧失了创造文化的可能从而使文化整体陷入沉寂。因而，对于中国而言，文化的发展问题最终回到了每一个个体手中，只有赋予个体以文化创造性，这种文化的创造与创新才真正成为永远不竭的动力。

　　个体如何才能具有创造性，文化哲学又将如何来回答这一问题？马克思主义文化哲学对于文化的实践本体论给予了回答这一问题的明确方向，文化是每一个个体创造性文化实践的成果，在这一过程中，创造是文化的核心，个体是文化出现的前提。从远古洞穴上的壁画到现代派画家的画作，我们可以清晰地发现，个体与文化的互动。个体将自身对于自我生活需求自我情感体验，自身对于世界、社会以及自我的理解作为素材，把自己的欲望、激情对象化地表达出来时文化的符号，甚至说文化的模式也就开始闪现火花，个体的感性生命经验是个体创造性实践而生成文化的材料，在个体与世界的对象性关系中，个体通过在世界上留下自己的"痕迹"——以个体化理解世界的方式与现实世界再次碰撞，在此之后人文兴焉。对于经典力学而言，时间之矢是不存在的，因为未来、过去和现在对于经典力学而言是没有意义的。然而时间之矢之于文化却是确确实实存在的，没有岁月的痕迹以及无数的人的生命的流淌，任何一种文化都不会是现在这副模样。文化既然是人的创造物，那么我们必然追问的是创造性实践的过程（being），同时人又是文化的造物，那么我们又必须审视文化创造性实践的结果（done），being 与 done 的两种状态就是人在文化中的状态。在 being 的状态中，人是文化的造物主，人与文化相对而立，个体以自身对于世界的理解，想要描绘他所神往的文化世界，与此同时在 done 的状态的文化又是个体来书写自身感性生命体验与文化创造激情的"笔"和"纸"，每当个体要对象性表达自身时，"笔"和"纸"会来提醒他面对的是一个什么样的文化世界，他所能写的并不一定完全看他的意愿，也要看"笔"与"纸"的局限，即个体所处的文化现实给予他的文化的"可能性"，或者说是个体在文化中对象性展示自我的限定性。因而就个体自身而言，想要进行真正处于自由个性状态的文化创造性活动，就必须既能够将自身的感性生命经验不受束缚地提炼出来，又要能够在现实世界中自主地对象性生成自我的文化存在表达。就文化本身而言，之所以文化能够呈现出异彩纷呈绚丽多姿的现实状态，根本原因就在于文化在以个体生命为接力的历史岁月中不断得到各种各样的文化行为和文化创造的填补，最终才有了类型化的定型，形成了具有特定风格与风尚的一系列文化样态。个体的生命力、情感追求、欲望表达就融入和汇聚而成了文化的海洋，当个体生命消失的时候，文化的一系列生成与发展就是他生命的对象性表达，证明了一个鲜活生命的一段伟大而又渺小的历程。

就中国文化本身而言，崇尚创造，看重人的生命力，要求表达和呵护这种生命力是中国文化得以诞生和发展的关键，中国文化从上古至先秦百家争鸣完成了文化创造性活动由群体创造向个体创造的过渡，无论是文学经典还是哲学思想都有着"究天人之际，通古今之变，成一家之言"的总体特征。与此同时，政治中国经由几次大的变革也逐渐定型，颛顼绝地天通斩掉了一个人、神杂居的浪漫时代，夏禹传子成一家之天下，商率民事鬼制刑治人，周行分封旧邦新命，秦灭六国书同文车同轨，大一统的国家在血与火中诞生，在大一统国家的历史经验里，社会治理机理与生存空间的大一统，使得文化大一统成为任何一个王权都不能忽视的必然选择，从此文化中国就与政治中国相伴行。儒家文化的道统、道家文化的逍遥、释迦文化的香火，形成了中国文化鼎足之势，看起来人可先入世，不济则入道、释，总有一处可安身心，正所谓"吾心安处是吾乡"，然而儒家从一家之说到定国之策的过程中，逐渐走向畸形，从"仁者爱人"到"杀身成仁"，个体从"仁"的关注者到"仁"的殉道者，儒家文化构建的文化体系与文化生活方式构成了个体的文化生存之道。或者可以这样来说，当一个个体期待表达自我的时候，当他与文化相接触的时候，文化为他提供了三种生活方式，可以自由选择，对象性地成为一个抑或是复制性地成为一个文化中的个体，平顺地走完自我的一生，在这一过程中，看上去个体的生存与发展受到了文化的极大包容，三条大路任君选择，然而却真正抑制住了个体出于自身真实感受的文化生存性表达和创造。这就是为什么我们没办法在《金瓶梅》《红楼梦》等一系列传世佳作中以某一种文化模式加以概括甚至定论，人如果在一个文化里或者文化生活里是完整的，那么必然是多面而复杂的，如果只能类型化地生存，就是个体在文化生活中对于自我应该活成一个什么样子，当人只能生存而不能生活，不能体验生活的真实感受也不能表达自我的真实情感的时候，人仅仅是一个文化传承的符号，而不是文化的主体。对于个体而言，能够实现将自我理解的世界对象化为自己的文化生存空间或文化生活特征，并从在文化中真正地反观自身证明自我，就需要超越和转变自身与传统中国儒、道、释文化结构的对象性关系，从仔细斟酌的选择在三者中对象化实现自身，转向个体以人类全部文化精华为资源，以自身对于世界的个体化理解为起点，通过自觉的文化创造性活动明确自我文化生存方式，进而可以自由个性地创造文化、丰富文化。

当人类文明的发展不断促使人们相信世界是在复杂性的迁越中不断发展的，确定性的终结实际上也为我们带来了重新审视文化的思考，毫无疑问文化是人类社会复杂性发展的最好表达。那么，文化来自何方、已知的文化发展规律是否是文化的冥冥定在、文化会不会有"熵"、文化与时间之矢有什么关联、文化与文化的人到底是怎么样的对象性关系都值得我们重新去审视。以个体为视角，以个体生命的现实存在性，锚定了文化的定在，也表明了文化应该体现的关怀，没有人的生命的文化将不再是人的文化。类是不死的，而个体却如流星过夜，正也是这短短一瞬，才更想表现出自己的光芒。"文王拘而演《周易》，仲尼厄而作《春秋》，屈原放逐乃赋《离骚》；左丘失明，厥有《国语》，孙子膑脚，《兵法》修列；不韦迁蜀，世传《吕览》；韩非囚秦，《说难》《孤愤》；《诗》三百篇，大抵圣贤发愤之所为作也"。当个体能够将自身对于世界的个体化理解，融合自身生命经验，以全人类文化精华为材料，抒发自身的自由个性追求时，人的自由全面发展也必然将在文化中实现。

目　录

导 论

一、中国当代个体创造性实践性实践与中国当代文化自信

文化是人的造物，无论何种文化哲学流派、文化哲学研究范式，文化作为人的创造物的本质是永恒不变的，文化哲学就天然属于现代实践哲学的范畴，是哲学实践思维传统的延宕。人在生产实践中不断延伸着人无机的身体，同样也在不断交织着"文化宇宙"，继而人的文化世界成为人区别于万物的根本属性，而从人类自身来说，文明人与野蛮人最大的区别在于文明人无时无刻不生活在人的世界里，而野蛮人抑或是自然的人则永恒生活在自然的世界里。文明人是生活在人的世界里的人，面对着的是一个摆脱了自然世界的"必然性"的文化世界，人得以在文化世界中直面其自身。在现有的文化哲学体系中，把人的生存方式、生存世界作为研究的对象，在本体论研究中"人是什么"的问题变成了"人何以生成"的问题，文化哲学的本体论毫无疑问就是实践本体论，即文化的人的实践生成论，并在基于生存论的问题指向，讨论哲学在文化中价值、构建文化的形而上学并进行文化批判，从而对"人类的形而上学"给出答案。

（一）何为"个体创造性实践性实践"

正如马克思在《1844年经济学哲学手稿》中所写："通过实践创造对象世界，改造无机界，人证明自己是有意识的类存在物"[①]，同时还指出

---

①[德]马克思.1844年经济学哲学手稿[M].北京：人民出版社，2000：57.

"劳动的对象是人类的生活的对象化：人不仅像在意识中那样在精神上使自己二重化，而且能动地、现实地使自己二重化，从而在他所创造的世界中直观自身。"①所以文化首先必然体现为人实践的结果，而且这种实践不同于以往单纯改造社会生活之实践以及依从于"必然世界"现实规律的实践，文化的实践是一种"创造"。这种实践突出在于自身的"创造性"上，不是一种单纯的模仿、复制，而是一种"无中生有"和"有中生独"，"创造"是人自我意识觉醒的充分表达，是一种自由的和真正有意识的"类存在物"对自身所处世界的对象化表达自身本质力量的一种方式。自古以来，"创造实践"都被视为瑰宝，认为这是人类智慧最高结晶的表达，从人类文化诞生以来，对于"创造"其主体经历了从神到人的过程，从认为只有神具有"创造"的可能，到认为人自身拥有"创造"可能应该被呵护和发扬，文化宇宙的生成与发展归根到底正是由无数个或大或小、或多或少的"创造"，无数人类个体的"创造"不断从每个现实的个体身上生命本质力量对象化凝结，几经迁越，小泽终成大海，进而形成了人的"第二世界"。可以说，在人类文化发展的过程中，如果没有"创造"产生"从无到有"的文化符号、象征意义和思想经典，人类文化不仅不会诞生更会停滞不前。

毫无疑问，"创造"的主体是人，在人类文明的整个发展过程中，发展"创造"的主体和对象在逐渐发生着变化，文化"创造"主体的话语权逐渐从集体向个体过渡，而文化"创造"的审视对象也逐渐由群体性生命经验向个体性生命经验过渡，呈现出"群言"向"独语"的转向，文化"创造"的缘起也有群体的生存功能性需求向个体"个体化理解世界"存在价值性需求转变。在这个过程中，文化不断发展，不断绚丽多彩。在扬

---

① [德]马克思.1844年经济学哲学手稿[M].北京：人民出版社，2000：58.

弃人的异化实现"通过人并且为了人而对人的本质的真正占有"①从而实现每个人的"自由个性"，实现从"必然王国"向"自由王国"的飞跃。马克思主义文化哲学视域中的"创造"不仅具有本体论的意义，也回应着生存论和存在论问题。"创造"正是人"自由个性"的表达，只有自由的人才能进行"创造"并且是按照自我的个性进行"创造"，这种"创造"的结果即是"我之为我"的文化确证。现实的个体是历史存在的"第一个前提"，必然也是属人的文化存在的前提，只有具有"自由个性"的个体存在，他的"创造"才具有真正的"创造"意蕴，当"创造"可能与能力从"神"交到共同体之中，并最终交给现实的有血有肉的个人手中，"创造"才真正拥有了主体性。因为在马克思主义文化哲学视域中，人通过创造文化来塑造人的世界的实践是一种"创造性实践"。

在当今时代随着世界全球化进程的彻底发育，每个个体都已是一个"世界性"的个体，同时媒体时代的深入变革，使得个体均分了曾经属于文化权威的文化话语权，人类文化在当代的发展越发呈现出以个体的"创造"为特征的发展动力模式，所以关注人类文化发展变化的动能就聚焦在"个体创造性实践性实践"之中。

（二）中国当代文化自信呼唤"个体创造性实践性实践"

在中国漫长的历史岁月里，自三皇开天辟地、繁衍人类文明肇始，神创造世界，而人创造文化。在中国的"轴心时代"，诸子百家，争鸣蜂起，各式思想交相辉映，构成这一璀璨思想星云的正是不同的个体思想家基于自身"个体化理解世界"而成的"个体创造性实践性实践"所汇聚而成，诸子百家的"个体创造性实践性实践"奠定了中国人文化精神的基本

①马克思恩格斯文集：第1卷[M].北京：人民出版社，2009：185.

内容。纵观中国文化发展过程，不断涌现出的文化经典都充斥着"个体创造性实践性实践"光辉。

自新文化运动至今的一百多年里，中国经历了沧海桑田的巨变，现代化从一个概念变成一个现实，从谷底浴火重生。现代经济社会的发展在于肯定个体作为社会的血肉组织，具有绝对的基础性地位，"人的世界就是人本身"。伴随着工业化，人彻底驯服了自然，工业社会如同一本打开的人的本质力量的书，个体欲望、需求获得了社会的肯定，并成为社会物质生活发展的深刻动力。随着西方传统形而上学的终结和古老东方自身价值体系的土壤被撤换，人类在现代性问题上面临的文化危机愈发深刻。一方面个体应该具有怎样的现代性文化生存状态，个体又如何面对自身所处的文化共同体，继而获得一种丰富性的个体性生活；另一方面，具有文化差异性的共同体之间如何沟通交流一起面对人类历史又一个"百年未有之大变局"，共同体又应在现代人类社会中赋予个体以怎样的文化生存环境，自身的文化历史资源如何活在当下，都是当代人类文化面对的共性问题。中国作为现代化国家，儒家文化和大一统文明在压抑个体上建构了一套丰富的文化规则绵延至今，当代中国个体如何实现自身在文化生活中的"自由个性"，以及中国文化自身如何解决中国传统文化现代创新性发展问题，在文化理论中拥有自己的现代文化发展方案，从而实现真正的文化自信并为世界输出中国文化智慧，是当前需要关注的问题。

1.中国现代文化自信之于当代个体创造性实践性实践的要求

现代社会诸文化形态的重要特点在于对于个体的人的重视和关注，在人类文化的多元交往中，基于个体生命感受与经验创造的文化经典和思想经典是人类漫长文化交流史中的瑰宝，中国现代文化自信则在于提出不同于儒家伦理等级文化的当代中国人个体创造性实践性实践对生命经验提炼的文化经典，从而在生命与生命对等交流的维度上与世界其他文化沟通交流，实现文化自信。同时，对于中国文化与现代的关系，与其说是中国文化内在结构与外在形式和社会发展之间的冲突与和解问题，不如说是中国现实的变化中的个体与中国文化儒道文化互动互补的结构一直以来的矛盾冲突问题。自庚子国难之后，儒家道统的文化社会越来越难以复原自身，也是个体从不断寻找和还原自身"应处"的相对位置，转而开始希望一种或许"可处"的位置。时至今日，中国人不再以"不改父志""安土重迁"作为自己生存的法则，从做"那样的人"转而追求是"那个人"，个体化的思潮在互联网的搅动下愈发不安。现代性的社会生活实践使个体是一个"世界历史性"的存在，改革开放为个体欲望与需求正名，个体是社会的细胞，流动和发展中的个体才是社会进步的涌流，个体在整体社会发展中不仅仅是被动的继承，更重要的是个体在进行着积极创造。在这样的背景下我们清楚地看到中国文化却很难为个体提供一个有文化说服力的文化支撑，道德、伦理、亲亲尊尊，使当代个体仍羞于谈性，讷于说爱，明明每日追求创新却面对着"不敢为天下先"的旧理，于是对自身、群体、对他者、对文化共同体仍不能对等表达，中国当代文化难以概括当代人的现实理解，要么依附于西方文明要么遵循已有传统方案，使个体生存有余鲜活不足，活得既踏实又糊涂。

同时，中国个体在不断地发育生长中，已经在发育中的个体依然处于对西方文化、中国传统文化的依附之中，虽然已经早已冲出文化的约束，但却处于不自觉的状态，当代个人的文化生存矛盾状态，呼唤个体基于自身对于世界的个体化理解的个体创造性实践性实践，以发展中国现代文化，使文化中的人在现代文化中"自知""自信"。

2.中国传统文化自信之于个体创造性实践性实践的关系

在当代，文化自信是一个国家和民族精神世界强大的重要标志，拥有对于本国、本民族文化的历史的信心以及文化发展的信心，这些都是由本民族特殊的文化体系所决定的，中国始终在探求富强之道，但基于"宗经"性的思维定式，一直在"中体西用"和"全盘西化"之间徘徊不前，五四新文学也好，当代先锋文化、国学热也罢，一番番文化盛景的背后都是"拿来主义"的断壁残垣，中国原本自有的文化体系被清洗了，但因为没有选定是"中"是"西"，而处于首鼠两端模棱两可之间，一百多年里也建构无数理论，但一旦来真正审视中国文化便都如泥牛入海，打了一个旋，就消失了。问题的关键在于，中国的当代文化还没找到自己的文化之根，守旧已经不合时宜，而西化又难以在现实生活中得到回应，在这样的状态下，中国的文化自信问题已经不再是如何做好传统经典和西方文论的中国化阐释，而是如何做到从"中国化阐释"转向"中国化创造"的问题，不是旧瓶装新酒而是批判与创造，那么这条批判创造之路又如何走得通，它的出路在哪里，它的目的地又在何方？文化只有由具有文化基因的人基于当代现实和生命感受创作的生命结晶才能获得新的发展，才能拥有新的丰富性和创造性，这均应由个体创造性实践性实践来回答，只有在创造中才能把路走通，才能拥有真正的理论建构。

3."人类文化共同体"之于中国文化创造的期待

当今时代，资本催生的经济全球化和不断更新的现代信息技术，使一个真正轮廓的整体性人类概念日益清晰，"人类文化"理念的现实基础在不断凝聚，与此同时"文明的冲突"也正在不断上演。在"人类文化"下的多元文化如何交流与发展，需要不同于"文明的冲突"的思维模式，正是一种真正"世界性"的文化经验和智慧，使多元文化在整体性"人类文化"框架内对等并立、互动互尊，正如习近平总书记提出的"人类命运共同体"思想所表达的那样，多元文化在人类这一文化共同体中"各美其美，美人之美，美美与共"。中国确实有着悠久的多民族文化普遍共存的文化共同体经验，但这一共同体是在儒家占据社会权力中心"教化万邦"

而实现的，而当代整体性的"人类文化"必然不是一家独大后的"万国咸宁"，而应是以文明个体形式在"人类文化"这一文化共同体中平等互尊交流互鉴的，那么中国的文化共同体与个体互动的经验又能从何种角度，在人类命运共同体的顶层设计中拿出中国的人类文化方案是值得思考的。

二、国内外研究综述

中国文化哲学的建设有中国的研究视域，有中国的研究资料，更应直面中国的当代问题。中国当代文化发展既要回答中华优秀传统文化如何在现代实现创新发展问题，又要回答中国当代个体文化生存异化的出路问题，更要回应人类文化整体性发展对于中国文化的期待问题。明清时期中国文化的发展陷入停滞，进而在人类普遍进入现代社会时拿不出中国迈入现代社会的文化发展蓝图，传统的"天人相感"的世界观回答不了现代化社会对于中国人的文化存在问题。马克思主义的传入更新了中国人的世界观，在马克思主义的指引下，中国文化哲学有了重新审视自身文化、他者文化以及人类整体性文化发展的可能，这一切问题都归根于对于文化的把握和对于中国文化自身的把握。本书研究主旨在于聚焦中国当代文化发展问题，以中国文化的"创造"问题为切入口，探寻中国文化哲学建构能够启迪当代人文化生存的问题，探寻能促进中国当代文化迸发出鲜活创造力的理论建构之路，因此本书围绕中国文化哲学当代建构进行研究梳理，根据文献梳理总结如下：

（一）国内研究

1.国内马克思主义文化哲学发展概要

20世纪西方的文化学和文化哲学，以及文化批判思潮深深地影响了我国文化体系和哲学思想，上个世纪初期发生了新文化运动，这是西方文化正式进入我国文化领域的开端,最初是由一些新文化知识分子开展西方文化讲解,其中还有很多介绍西方文化的书籍出现在大众视野,最具代表性的是学者梁漱溟撰写的《东西方文化与哲学》,此书中的西方唯意志主义及西方生命哲学思想较为浓烈,将"意欲"作为基础思想,解释了西方的文化观,同时也在此思想的基础上针对西方文化、印度文化和中国文化之间的差异进行了对比和分析,总结出了"文化是生活的样法"的概念,这也是当今文化理论体系中的重要概念。上个世纪30年代初期,学者朱谦之撰写了《文化哲学》,此书基于文化概念、进化、类型、分期,对宗教文化概念、哲学文化概念、科学文化概念、艺术文化概念等做了详细的阐述,同时也基于地理因素、文化与文明关系等清晰地界定了文化哲学。朱谦之先生和梁漱溟先生对文化概念的理解大同小异,在一定程度上延续了梁漱溟先生对文化定义的理解,朱谦之先生还对西方各位哲学家的观点进行了引证和评述,包括康德、费希特、黑格尔、狄尔泰、文德尔班、韦伯、舍勒、斯宾格勒等哲学人士,从这一层面看,朱谦之先生的学术理论非常深厚,不亚于当代学者。在他的著作中针对新康德主义文化哲学实现进行了明确的批判,指出这一思想有超验倾向,他认为文化哲学是建立在实际生活中的,以生产经验为基础而总结出了的,基于此维度可以看出朱谦之的思想是符合生活世界现实的。上个世纪初因为各方面历史因素,导致了马克思主义的相关探索在学术界的重视度有所欠缺。直到上个世纪80年代之后,我国出现了"文化热"现象,此时西方文化思想又一次进入了我国文化领域,同时也带动了我国的文化哲学研究,国内学术界将文化哲学探索作为重点研究目标,我国学术界针对文化哲学研究基本可以分为:第一,针对文化哲学和人类精神变化之间的关系研究,这方面的探索是基于人类文化精神整体的发展历史实施的研究,探索了文化哲学发源发展过程中的变化,同时也探索了文化哲学和人类精神发展过程中演进过程的内在联系。此类研究的主要代表人物和作品包括：学者洪晓楠撰写的《20世纪西方文化哲学的演变》、学者邹广文撰写的《二十世纪西方文化哲学的基本走向》、学者李鹏程撰写的《文化哲学在新世纪的学术使命》、学者衣俊卿撰写的《文化哲学：一种新的哲学范式》等。第二，针对我国文化哲学精神重新建立过程及我国文化精神发展过程中转型方式进行的研究。这方面研究是基于对文化转型过程中的一系列问题开展全面思考，其中包括了我国传统文化当中蕴含的态度问题、我国未来主导文化精神的相关问题及新文化内涵相关问题等，另外还包括对科学理性和人文精神共同发展问题的研究。此类研究的主要代表人物和作品包括：学者邹诗鹏撰写的《文化哲学的现代性立场》、学者何中华撰写的《文化哲学中的悖论刍议》、学者衣俊卿撰写的《论文化转型的机制和途径》和《中国文化的转型与日常生活的批判重建》，这些代表性学者认为中国文化转型带来的价值主要是启蒙和现代性。在他们的作品里将人与世界之间存在的理性思考与实证文化批判有机联系在一起，很多作品突出批判理性和超越意识，提出基于主体自我启蒙和自我教化，以及日常批判的理论体系，深入分析了中国传统文化模式，从中提出了一系列文化批判，同时也探索了我国社会在转型过程中进行文化重建的相关问题。第三，针对文化哲学体系的建立过程和整体发展相关问题的研究，对于这方面的研究主要包括文化哲学重新定位相关问题的研究，同时还包括文化哲学的主题、结构层次、理论形态等相关问题的探索。此类研究的主要代表人物和作品包括：学者衣俊卿撰写的《论文化哲学的理论定位》和《文化哲学的主题及中国文化哲学的定位》、学者丁立群撰写的《文化哲学何以存在》和《文化哲学：一种新的综合》等，其中学者衣俊卿将文化哲学看作全新的哲学范式，可以真实地反映出实际生活当中的哲学思想，衣俊卿的观点将人类现实生活当中存在的批判性文化精神与自我意识充分地展示出来，在他看来通过文化模式、文化危机和文化转型构建的哲学体系中具备了特殊的文化进步主义。学者丁立群将文化哲学研究进行了细分，将其分为以下内容：对哲学文化价值学的探索；对文化形而上学的探索；对文化的批判探索。以上内容的探索成果充分反映了我国学术界正在向文化自觉的方向全面靠拢，学者们都向着马克思主义文化哲学思想进化，这也在一定程度上建立了二十世纪马克思主义和西方哲学的观点以及促进了文化批判的理论发展。一些非马克思主义的文化哲学探索同样为文化哲学更加深入的探索提供了部分理论依据，最具代表性的学者包括：蒋庆、陈明、康晓光、盛洪等，其中的代表是学者蒋庆的《政治儒学》，这是新儒学文化探索过程中最具影响力的作品，这些学者的思想已经融入了时代洪流，他们的思想也深深影响着当今社会，这些思想与马克思主义义化哲学有紧密的联系。

上个世纪80年代以来，我国的文化哲学体系逐渐完善，并且形成了丰硕的理论体系，本书中选择了部分重点成果进行了分析。学者韩民青在上个世纪80年代末期撰写的《文化论》，其中的内容主要分为以下几部分：第一，阐述了文化具备特性，包括文化的创造性、自由性、群体性、开放性、时空性；第二，深入解析了本能文化与自由文化的概念；第三，介绍了意识文化、行为文化与物质文化的相关内容；第四，详细介绍了文化的生产与交往过程；第五，剖析了文化性与动物性的定义；第六，对文化、个人与社会之间的关系进行了论述；第七，详细阐述了文化进化论，从文化的起源、机制、历史、发展前景等层面进行了论述。此理论体系更加详细，相比朱谦之先生的理论更加深入地论述了马克思主义思想对本能与自由、生产与交往、个人与社会等的解释，在其理论体系中也存在很多不足，其中最为典型的是此理论更多地偏向于文化进化论，针对哲学的实际应用没有进行充分的论证。学者许苏民在上个世纪90年代初期撰写了《文化哲学》，此书中的内容所提出的理论体系，直接影响了后期文化哲学的研究者。书中的核心内容包括以下几部分：第一部分是绪论，其中对文化哲学起源、西方文化哲学和马克思主义文化哲学进行了阐述；第二部分主要介绍文化发生论，该部分内容中针对人类本质的形成与体现、文化的精神现象学机制、地理环境、文化心理结构等进行了阐述；第三部分介绍了文化结构论，该部分内容针对文化心理的表层结构、中层结构和深层结构、文化的民族性和时代性、民族文化心理的深层结构、主流文化和亚文化、文化离析与文化整合等进行了介绍；第四部分详细阐述了文化发展论，该部分内容针对文化发展过程中出现的变化和传承、民族文化心理结构发展历程，文化心理积淀历程，文化发展过程中的规律，文化外在表现出来的历史尺度与道德尺度等进行了详细的解释；第五部分阐述了文化动力论，该部分内容中针对文化创造、交流和相关方法、机制、作用，以及文化反省与文化自觉进行了深入的探讨。此理论体系的论述相对完整，从整体上对我国文化形成的内在机制和结构进行了深入分析，既有对静态理论的探索，同时也有对动态历史的分析，基本覆盖了所有人类实际生活当中的文化现象。在这部作品之后，其他学者相继出版了同一类型的著作，其中包括学者杨启光的《文化哲学导论》等。在这部书中针对马克思本人文化思想探索还不够深入，尤其是在实践哲学层面的论述比较少，没有达到与文化哲学理论体系的紧密结合。学者邹广文在上个世纪90年代中期撰写的《文化哲学的当代视野》一书也是代表性作品。此书的内容主要包括以下部分：第一，对文化哲学的理论源流的探讨；第二，对文化哲学的哲学定位相关问题的研究；第三，对马克思的文化意识述要的探索，其中包括马克思文化观的逻辑结构、人化自然理论、人的需要与全面发展、世界历史意识与现代化进程等；第四，对文化哲学的当代追求的研究，其中包括文化反思的问题意识、文化哲学的当代主题、文化哲学的时代品格、建构原则等；第五，对当代社会发展过程中的文化选择，社会中人类对自然的文化意识、文化自觉与人的发展、审美文化与审美人生的分析，其中包括社会中个体的现代文化生成、人类的日常生活价值凸显等，其余内容不予赘述。在此书当中，针对马克思思想中蕴含的文化进行了深入的分析，总结出了很多经典理论成果，另外还针对现代化和世界历史思想的关注、人化自然思想发展等进行了阐述，这些内容从一定程度上反映出了作者对马克思思想有深刻的认识，同时也体现了作者对现代化问题有清晰的认识。这部作品可以说是上个世纪90年代前期的文化哲学研究代表作。之后邹广文撰写了《人类文化的流变与整合》，此书中的思想是基于前书的理论进行了延续思考，将书中的视角转向了文化流变与文化整合层面，这在一定程度上补充了前书理论结构的不足。在他对文化哲学进行研究的过程中，充分运用了马克思实践哲学和文化哲学之间存在的理论关系，另一方面还强调了实际生活当中存在的一系列价值，但在这方面的分析还不够深入。

在此阶段，针对文化哲学的研究作品具备代表性的还包括学者李鹏程撰写的《当代文化哲学沉思》。在这本书中，针对文化哲学的研究内容有以下几部分：第一，针对文化的存在的研究；第二，针对文化意识发展历程中的形态的研究，主要从神话、宗教、世俗文化层面进行了阐述；第三，针对文化的实在性的研究；第四，针对文化价值的研究；第五，针对文化时间的研究，主要基于历史、传统、文化进步及文化危机和文化复兴等维度；第六，针对文化空间的研究，主要包括文化干涉与文化交流、文化全球化、文化冲突与文化整合等内容。这本书中创新点包括对文化意识发展的形态、文化的实在性、文化价值等层面的分析方法。当然在此书中也存在很多不足，其中对实践哲学的应用较少，很多思想都是建立在文化学基础上的。

上世纪末期学者刘进田撰写的《文化哲学导论》中，核心内容分为以下几方面：第一，探索了文化哲学的兴起；第二，探索了文化哲学的可能性，其中包括界定文化范畴、文化哲学探索维度及对其研究的意义等；第三，针对中西文化哲学的研究成果及理论体系进行了分析；第四，详细阐述了文化本体，其中包括实践、人、自由、符号与文化之间关系的探讨；第五，探讨了文化基本矛盾与文化哲学基本问题；第六，充分探讨了文化结构，其中包括思维方式、价值观念与审美方式等；另外几方面包括对精神文化、制度文化与物质文化的研究，以及雅文化和俗文化关系的分析，主流文化和亚文化关系的分析等。在这本书中，充分发挥了实践文化的作用，将自由看作文化的灵魂，将符号看作文化外在表现形式，此书的观点与卡西尔的符号文化体系非常接近。这本书的作者针对文化哲学的基本矛盾进行了分析后，总结出文化精神层面和现实层面之间存在的矛盾就是文化哲学的基本矛盾，在一定程度上从经验与超验、理想与现实层面精准地解释了人类文化现象，与马克思实践观中的理想维度和现实维度高度一致。本书针对实践和文化关系的论述较为详细，针对文化的要素阐述相对精准，作者将人的本质看作文化的本质，这与马克思主义人学理念非常契合。本书针对实践和文化相关性论述有很深入的见解，但是在日常生活结构层面的论述不够明显。

本世纪初期，学者何萍撰写了《马克思主义哲学与文化哲学》，这是本世纪在文化哲学方面典型的代表作。这本书表达的内容非常深入，内容框架清晰，在文化哲学的讨论方面非常有见解。作者在文化哲学与传统西方理性主义哲学之间以及文化哲学与历史哲学之间进行了详细的论述，并且对文化哲学当中存在的问题、文化与哲学认识论、文化与人的信念等作出了深入的解读，在一定程度上拓宽了文化哲学范畴。作者观点是文化哲学实际代表的是反思现代化，他提出文化哲学批判了近代理性主义哲学。

学者维柯是最先提出文化哲学本体论的，这与马克思的文化哲学思想密切相关。其中作者对马克思的实践唯物论和维柯的诗性智慧论做了对比分析，这对于我国学术界而言是一种创新方式。在书中作者将文化哲学当作是历史哲学发展过程中的结果，这种创新研究思路的理论成果非常具备价值。作者在分析实践哲学和文化哲学时，将文化和辩证法进行充分融合，使得马克思层面的实践得以解释，而这里运用的辩证法就是马克思主义实践观的核心。但是也存在一些不足之处，其中针对日常生活论述及上个世纪西方文化哲学的探讨较少。

本世纪初期学者衣俊卿撰写的《文化哲学》也是典型的代表作，在他看来文化哲学思考的起源是在上个世纪90年代初。衣俊卿是典型的西方马克思主义流派中南斯拉夫实践派代表，正是他基于马克思主义实践哲学，对文化哲学进行了研究，他将实践唯物主义和实践本体论实施对比分析后，正式将文化哲学引入生活批判领域。在书中他将生存方式维度作为研究文化的基础，将文化核心界定在日常生活领域。在他撰写的作品中，所有的理论成果都与文化概念息息相关，基本都是对文化现象的概括，通过文化模式危机、转型、批判、重建建立了现代性主体精神理论体系，其中充分发挥了日常生活世界中的批判作用。他的思想观点能够更加完整地体现西方哲学演变背景，同时将回归文化和生活世界作为核心理论依据。笔者在此也基于衣俊卿核心思想，基于他的理论模式，剖析实践哲学和文化哲学之间的关系。

2.中国文化现代化发展的出路探索

（1）以"文化自觉"为反思导向的理论探讨

对于中国文化问题的自我思考是以国内研究为主体，海外研究并不多见。中国文化的现代化发展的思考起源于何为"文化自觉问题"的思考。1986年，许苏民率先提出了文化自觉概念，邹广文也曾提出过文化自觉的相关思考，但学界回应之声寥寥，直到1997年费孝通以《反思·对话·文化自觉》《百年中国社会变迁与全球化过程中的"文化自觉"——在"21世纪人类生存与发展国际人类学学术研讨会"上的讲话》《从反思到文化自觉和交流》《关于文化自觉的一些"自白"》《文化自觉的思想来源与文化意义》《对文化的历史性和社会性思考》《美美与共和"人类文明"》等一系列文章打开了学术界反思文化自觉的思路。其中费孝通对文化自觉的概念进行了界定，在他看来生活中同一文化领域内的人非常了解自有文化，对文化的渊源、形态等能够充分掌握，同时也掌握文化的特色和发展方向，这里不存在文化回归内涵，并非是对文化的复旧，另一方面也不同意文化西方化，对文化有充分的了解可以提升文化升级转型的自控力。①同时他对文化自觉的发展史命名为"各美其美、美人之美、美美与共、天下大同"。费孝通采用了坐标轴形象地解释了文化意识的时间性和空间性。将坐标轴的纵轴作为时间，也就是将传统和创新融合；将坐标轴的横轴作为全球化的背景下寻找自身民族文化的自我定位，清晰地反映全球宏观环境中确认自身民族文化的核心意义。费孝通撰写的演讲稿中曾经提到了文化自觉的使命，在他看来中国人可以通过多元化的现代科学手段达到文化自觉，为中国文化发展开辟全新的道路，以此来为人类社会作出重要贡献。②费孝通提出文化自觉理论以来，国内已经举办了几次有影响的学术研讨会。其中的代表是：2002年12月，由中国黄炎文化研究会联合中华文化促进会、香港浸会大学、香港大学等机构共同开设的"21世纪中国文化世界论坛：文化意识与社会发展"专题会，在此次会议中，将"文化意识与社会发展"作为主题，参与人员包括世界各地学者。在会上众多学者对文化自觉相关问题进行了深入的探讨。2005年，哈佛大学燕京学会

①费孝通.反思·对话·文化自觉[J].北京大学学报（社会科学版），1997（03）.
②费孝通文集：第14卷[M].北京：群言出版社，1999：340.

联合南京大学、宁夏社会科学院等单位召开了"文化对话与文化意识——文明对话国际研讨会",此次会议上杜维明教授将文化意识作为切入点,其专门演讲主题是"回儒对话的哲学涵义:以王巧舆和刘智为例",另外成中英教授也专门做了主题演讲,题目是"文明挑战、文明对话与文化自觉",与会的其他学者同样对文化自觉和文化选择、文化对话、文化融合的相关问题进行了讨论。2007年,吉林大学联合哲学基础理论研究中心、哲学社会学院共同召开了"全球化与多元现代性"专题会,此次会议当中我国学者孙正聿和其他国家学者针对全球化背景下文化自觉进行了深入的探讨,主要内容包括文化自觉下的冲突、和谐、传统文化、学术自觉等。2012年,相继召开了"文化自觉与文化创新"专题会和"文化自觉与社会建设"专题会,后者主要讨论的内容是以景德镇为核心的文化自觉与中国文化建设、文化产业等的关系。开展一系列专题学术研讨会,能够体现出文化自觉理论在整个学术界的重要性,每次研讨会都会碰撞出火花,在一定程度上展现了文化自觉中蕴含的中国风,这也是与西方葛兰西"文化霸权"论、埃里克松"文化认同论"等具备同等地位的全球化理论体系。

近些年来,马克思主义文化哲学在文化自觉领域的探索逐渐成为热门,学者韩永进撰写的《新的文化自觉》中专门探索了马克思主义文化哲学中蕴含文化自觉的思想,该书的内容分为以下几方面:第一部分的内容是理论思想,介绍了中国特色社会主义中存在的文化理念和理论;第二部分的内容是发展建设过程,阐述了我党召开十六大之后,实施中国特色社会主义建设过程中的文化发展成果;第三部分是改革创新成果,主要解析了中国文化体制改革过程中遇到的问题以及文化创新过程中的难点等,明确提出了我国在改革和创新过程中文化发展起到的作用,明确了文化自觉就是文化未来发展的方向。学者陈军科撰写了《人的解放与文化自觉》,此书中的观点是基于如今社会当中的文化发展和实践情况,将反思历史和批判现实充分融合起来，通过将理论解释和实证分析结合起来，在人的解放和当今社会发展、文化自觉之间存在的同轨性关系寻找人的解放和文化自觉理论的本质联系。另外，此书作者还基于马克思提出的人的解放理论体系，构建了涵盖人类真善美的人文精神理论体系。另外，还有上海市社会科学界共同编著撰写的《马克思主义与文化新自觉》，这本书是以论文集合形式阐述了文化自觉的一系列理论，其中包含的论文包括《我们需要怎样的"文化自觉"》《人格操守：文化自觉的内在品质》《文化自觉：当代中国共产党人的文化品格》《马克思主义大众化需要大众的文化自觉》《全球化语境下的文化自信与自觉》等。书中的内容融入了马克思主义文化、中国文化、西方文化等。其中学者乐黛云先后撰写了《文化自觉与文明冲突》《文化自觉与中西文化会通》《文化自觉与文明共存》《和谐社会与文化自觉》等多篇论文，在她的文章中通过文化比较和比较文学维度传承了费孝通先生提出的文化自觉理论。学者王文兵在撰写的《论文化自觉的时代意义》《论人类文化自觉的和谐旨趣》等论文当中提出了文化自觉的内涵。学者邹广文则通过多篇论文针对文化自觉当中蕴含的价值进行了分析，明确提出了文化自觉可以清晰地体现如今文化实践过程中存在的文化理想，能够反映出建立新文化的驱动力，以及对传统文化反思，同时在文章中对文化自觉进行了分类，将其分为社会发展自觉和社会生活自觉，以及对传统文化的自觉和文化对个体文化认同的自觉；学者李艳通过论文针对文化自觉的含义进行了深入的探讨，从多维度解释了文化自觉。基于费孝通先生的理解，诠释了文化自觉，同时以原生态文化自觉论为理论基础针对其实施时空定位，从而明确文化自觉是文化建设过程中的核心元素，同时也明确了文化自觉是文化发展过程中的核心驱动力。杨晓慧同样在论文中表达了文化自觉的内在逻辑，同时基于创新理念阐述了文化自觉的发展逻辑。学者张冉的论文同样针对文化自觉定义的内涵等进行了阐述，同时明确了文化自觉在发展过程中的具体演变形式。

值得注意的是对于文化自觉问题的反思与追问，追问文化自觉的前在性理论要件，主要目的是能够清晰地展示文化自觉的"何以可能"观点，同时也反思了当今文化自觉现状，因此被称为是"文化自觉反思论"。学者俞吾金撰写的《我们该在何种意义上使用文化——对"文化自觉"的元批判》，明确表达了文化定义中存在的局限性，在他看来文化不可能实现创造奇迹，相反可能会导致已经创造的奇迹破灭。学者姜家生和学者束庆波基于时代性维度对文化自觉的何以可能进行了追溯，最终他们提出文化对话，创新探索文化哲学研究方式是增强文化自觉高度的重要路径。学者庞立生针对民族复兴的文化自觉与哲学憧憬进行了探索，最终提出了民族复兴的根本是文化和文明的复兴。

（2）"创造性转化""创新性发展"思想指导下的理论实践

2013年11月26日，习近平总书记考察山东曲阜时首次公开提出"创造性转化、创新性发展"的概念。并且习近平总书记在多个场所发表了文化创造性转化、创新性发展的重要讲话，学术界针对此问题的研究开始重视。其中典型的案例是马克思主义思想理论人士、中国哲学思想人士、宗教人士等开始将"创造性转化和创新性发展"作为重要的探索目标，全面开展对传统文化传承的探索。学者朱贻庭提出的传统文化当中"价值对象性"主要指的是"道"和"理"，而传统文化当中的"两创"其实就是"价值对象性"价值创新。

（3）对于"创造性实践"的理论探索

第一，对于"创造性实践"的内涵探索

对于以"创造性实践"为主题的文化哲学研究尚浅，具有代表性的是孔军的《论创造性实践》，该文将"创造性实践"的范畴定义为："所谓创造性实践，是相对于模仿性实践而言的，是指以需求为起点，以探索为动力，以创新为核心，以满足人们的物质、文化和精神生活需要为目标的实践活动。它实质上是对人类传统实践方式的一种扬弃，是人类改造世界的主要模式，体现了人类实践的质变，飞跃和发展。"[1]同时，认为"创造性实践"的起点是"人的需求"，"创造性实践，总要通过创新主体的行为来体现，因此创新者由于需求而产生的心理动机就是一种创新动力。所谓心理动机，可以简单地理解为人们由于内心需要而产生的追求与期望，这是从事某种活动的思维出发点和归宿。人们只要表现出创新行为，心灵深处总有某种动机。正是这种动机的产生，人们才有创新的动力。"[2]张久营在《创造主体论》中对于"创造"的哲学性内涵界定为"创造是人的生存方式"[3]，他认为："有关现代化的定义有多种多样，但在笔者看来，它的实质就是创造。工业文明不同于农业文明，知识经济社会又不同于现行的工业社会，它们之间的过渡只能借助于创造活动才能得以完成。虽然当代中国作为后发国家可以借鉴发达国家的许多成功经验，但创造活动的多与少、好与坏仍然是我国能否实现现代化的关键。"[4]在张久营的理论建构中，他认为"创造"是关乎社会民族发展的关键性问题，只有不断处于"创造"之中才能获得社会的进步和人的发展，所以"创造"是人的生存方式，正因为人拥有对于"创造"的主体性地位，"创造"才得以实现，从而"创造"出人的真正的自己的世界。

第二，对于"创造主体"的研究

孔军在《论创造性实践》中对于"创造性主体"从马克思主义哲学实践论的角度进行了阐释，"创造性实践的主体，是能动地创造历史的人。

---

①孔军.论创造性实践[D].北京：中共中央党校，2003：6.

②孔军.论创造性实践[D].北京：中共中央党校，2003：6.

③张久营.创造主体论[D].北京：中共中央党校，1999：4.

④张久营.创造主体论[D].北京：中共中央党校，1999：4.

一是创造性实践以人作为主体，但并非任何人都是主体。创造性实践的主体是从事现实的社会实践活动的人……二是创造性实践的主体是相对于客体而言的，是以实践为基础的。创造性实践的主体、客体是作为实践活动的构成要素而存在的……三是主体是具有能动性和创造性的主体。作为创造性实践主体的人，'总是从自己出发'，按自己的能力、方式、需要和尺度去理解和改造客体及主体自身而证明并宣布自身是'宇宙之花''万物之灵'。"[①]张久营在《创造主体论》中对于"创造性实践"的主体以马克思主义实践论的基本观点展开，他认为："（1）创造主体是自由自觉活动的人；（2）创造不是'无中生有'要有现实客观基础，遵循一定的规律性；（3）关心认识方面的创造，更关心实践方面的创造'问题在于改变世界'；（4）各种创造活动要以满足社会需要为基本原则。"[②]张久营同时对于"创造"的主体进行了分类："（1）从创造活动采取形式的角度看，创造主体可分为实践创造主体和认识创造主体（包括评价创造主体，因为认识活动通常可以涵盖评价活动）。一般而言，实践创造主体的创造活动更有现实意义。但实践创造主体又要以认识创造主体的创造活动作指导。（2）从创造产品性质的角度看，创造主体可分为物质创造主体和精神创造主体。物质创造主体可以满足人的物质需要，为人和社会的生存、发展提供基础；精神创造主体旨在满足人的精神需要，提升人的精神境界。（3）从人们在整个世界从事创造活动的大的领域角度看，创造主体可分为自然创造主体、精神创造主体和社会创造主体。社会发展的趋势越来越表明，这三类创造主体需要加强合作、协调，不能各自为政，力求和合的创造结果。（4）从创造主体所属行业角度看，创造主体可分为科技、经济、政治、军事、文化等等创造主体。科技、经济创造主体的

---

①孔军.论创造性实践[D].北京：中共中央党校，2003：7.
②张久营.创造主体论[D].北京：中共中央党校，1999：29.

创造活动对社会发展起基础作用，其他创造主体的创造活动对社会发展起导航作用。（5）从创造活动性质的角度看，创造主体分质变（原创）创造主体和量变（拓展）创造主体。有的主体习惯于发散思维，不太注重对点滴知识的积累，易于从事质变性的创造活动，从而成为质变创造主体；有的主体更善收敛式思维，注重对知识渐进式的积累，不易于取得大的突破，但常常能胜任量变创造活动，生成为量变创造主体。"①对于"创造"主体的社会历史地位问题，张久营认为"要完成各种各样的创造活动，就要有各种各样的创造主体的大量涌现，所以，当代中国的现代化与当代中国创造主体之间的关系，在一定意义上可以看作一种互动的关系，或者说是相互生成的关系。一方面，现代化的完成需要大量创造主体进行大量的创造活动。不能指望用等、靠、要的办法实现现代化。现代化的每一步都要求付出国人相应的创造力，要求有创造主体的生成。另一方面，当代中国的创造主体需要在现代化中生成。传统社会不是没有创造主体，但从根本上说，它提供的外部环境是不利于创造主体生成的。以现代化为主旋律的近现代社会才是创造主体大量生成的最有利的社会形态"。②

第三，"创造性实践"对于中国文化现代化的理论意义和建构方向

张久营在《创造主体论》中认为中国社会在近代"创造"的失落是中国落后于西方的关键原因，"自从人类进入近现代社会以后，中国社会的创造活动毕竟开始逐渐落后于西方国家，这种状况甚至直到目前仍没显示出短时间内能彻底改观的迹象。也就是说，直到今天，中国仍然缺乏足够的直接推动现代化历史进程的创造主体"。③在张久营看来，中国"创

---

①张久营.创造主体论[D].北京：中共中央党校，1999：29.
②张久营.创造主体论[D].北京：中共中央党校，1999：91.
③张久营.创造主体论[D].北京：中共中央党校，1999：92.

造"的问题出在四个方面：首先是中国人对于"创造"本身的认识存在问题，"有相当多的人认为，创造活动可以脱离开知识，特别是可以脱离理性知识。创造活动在很多人眼里还只是表现为小聪明，可以不关心其知识特别是理性知识、科技知识含量"。[①]其次，对于"创造"而言缺乏对于科学技术的合理认知，"对生产力、科学技术方面的创造活动重视不够。按照马克思的说法，生产力、科学技术方面的创造活动才真正是社会发展最需要的创造活动。但是在传统中国后期，我们恰恰忽略了这样的创造活动。即使在解放后，我们也在相当长时间内具有这种倾向，如认为有关生产关系的创造活动比有关生产力的创造活动重要。相比西方发达社会，的确如严复所言，中国最致命的弱点就是缺乏富强。而没能富强的根子在笔者看来，就是对科技创造活动重视不够，特别是像胡适早年指出的那样，没有把自己在科技方面的创造活动系统地应用到对经济的改造和发展上去，而竟然可悲地更多地应用到了迷信活动中去"。[②]第三，在中国人伦文化和社会道德发展中，存在着阻碍"创造"的客观因素，他提出："中国社会的创造活动过多地集中于人伦关系、社会关系方面。在中国，有关道德、社会关系的创造活动一向高于有关智力、科技、生产力的创造活动，这是导致中国长期落后于西方社会的一个根本原因。"[③]在他看来中国人伦社会的"创造"过多，导致了中国技术理性思维的受阻；第四，"重组织创造活动轻独立创造活动。中国传统社会长期重官道轻学道，使组织创造者一直占有至高无上的地位，而其他的独立创造者却极少受到应有的重视。正因如此，这两种创造活动在中国的比例总是不能平衡。这种现象反映到家族中。就是较多地注重发挥家族集体创造力和家长个人创造

---

①张久营.创造主体论[D].北京：中共中央党校，1999：92.
②张久营.创造主体论[D].北京：中共中央党校，1999：92.
③张久营.创造主体论[D].北京：中共中央党校，1999：92.

力，却因此阻碍其中的多数个人的创造力的发挥。不可否认，传统文化中的这一弊端在目前中国还相当程度地存在着"。①

针对中国文化的"创造"和"创造性实践"问题，思考较多的学者是吴炫教授，吴炫教授在系列研究文章中针对中国文化的现代化发展问题，基于其"本体性否定"理论提出了"弱创造"概念。在其研究视域中，"创造"的本体在于"个体化理解世界""'创造的本体'体现在一个民族对世界的独特理解形成的世界观及其思维方式并呈现为元理解和再理解上（如'先天八卦'和'易经'），也体现为个体对元理解和再理解的个体化创造理解上（如'东坡易传'），更多则体现在如思想性、文学性等对世界的个体化理解上（庄子、墨子、曹雪芹等）。一个民族对世界的文化性独特理解，也是建立在个体或诸多个体对世界理解的基础上，这就是我们谈一个民族的文化都首先是谈柏拉图、亚里士多德、老子、孔子这样的'个体化理解世界'者之原因"。②在其研究理论中，"个体化理解世界"正是"创造"以及"创造性实践"得以可能的原因，同时他提出："今天的中国可以向全世界展示的是什么文化?我们今天为殷商甲骨文、青铜器、武术文化而自豪，为先秦诸子百家思想散文而自豪，为《国风》《乐府民歌》、唐诗宋词、元曲、明清小说而自豪，再到现代为鲁迅、张爱玲这样一些作家而自豪，首先应该明确这些是不同于西方科学创造的创造，是一种人的内在世界的非观念化创造，这些创造不是儒道释文化可以概括的，而是对儒道释文化审视的个体思想性艺术文化。无论是司马迁的《史记》、苏轼的前后《赤壁赋》，还是《红楼梦》《水浒传》《金瓶梅》《西游记》，都蕴含着作家独特的创造性内容，如果中国文化持续鼓励这种内在创造，中国文化的创造就远远不是中医养身治病的创

①张久营.创造主体论[D].北京：中共中央党校，1999：93.

②吴炫，刘云龙.创造的本体：个体化理解世界[J].江苏行政学院学报，2020（04）.

造，而是走向可以触及所有生命的内宇宙的创造。但一百多年来的中国文化的现代化，中国学者却忽略了这种创造的现代发展，根本上在于儒家功利依附思维移植西方文化所致，从而忽略了'盘古开天辟地'这一中国文化创造精神的祖师爷，也忽略了"三皇"是创造神并先于"五帝"——创造神崇拜才是中国文化现代化信仰建设的重要资源。"①他认为中国文化在近代的衰落问题在于对于"创造"的信仰和传统的衰落，而摆脱当代中国文化困于"弱创造"，而这种"弱创造"的根源在于中国文化自文化产生对于世界"元理解"——"先天八卦"之后的再理解，即儒道释文化结构对于人的文化异化，表现在"首先，《易经》将'八卦'解释为'乾为天，坤为地，震为雷，巽为风，坎为水，离为火，艮为山，兑为泽'，在分类意图上是有模糊性的。地和山，更多地接近事物形态的区别，性质上没有根本区别。但水与火，却有性质的区别。形态的区别和性质的区别放在一起，这样的分类含义就很难解释事物的性质差异……《易传》解释'阴阳八卦'的模糊性，同样会造成'阴阳运动'在解释宇宙现象上的牵强性……'阴阳'的解释力如果只限于解释与生命运动有关系的变化如生死、消长、顺逆等，当然也就不能推导出更为复杂的人类文化创造现象了……'阴阳生八卦'的思维也会产生各种新的事物，这些事物虽然也会有不同的形态和载体，但是事物的基本性质不会得到根本改变。所以'六经'是多样统一的'道'，形成一种'变器不变道'的'我注六经'的中国文化的创新观念，也会把'个体化理解道'的思想创造行为排斥遮蔽掉。"② "创造"在吴炫教授的理论中，呈现出一种以"个体化理解世界"为本体的"无中生有"与"有中生独"，吴炫认为解决当代中国文化的现代化发展问题，关键在于重拾中国文化中的"个体化理解世界"的经

---

①吴炫，刘云龙.创造的本体：个体化理解世界[J].江苏行政学院学报，2020（04）.
②吴炫，刘云龙.创造的本体：个体化理解世界[J].江苏行政学院学报，2020（04）.

验，探寻潜藏在"先天八卦"的文化元理解中的"创造"宝藏，在构建一种"穿越"儒道互补文化结构的多元对等互动的文化存在模式，从而在根本赋予个体"个体化理解世界"的可能与途径，从而使中国文化理论发展摆脱对于西方文化理论的依附性阐释和对于中西方已有理论的阐释性创新，真正走向自由自觉的创造发展之路。

（二）国外研究

1.国外文化哲学研究的基本视域

对于文化哲学的研究，起初是在19世纪末期正式被学术界认可，但在文化溯源方面的研究较早。近些年来，西方的现代化程度越来越高，对文化形成的冲击越来越强烈。因此上个世纪开始，文化界人士对文化自觉现象的研究越来越重视，这也导致了文化哲学研究的兴起，其中典型的代表人物和理论成果包括：泰勒的文化进化论、马林诺夫斯基的文化功能主义等，而具备代表性的作品包括：泰勒的《原始文化》、雅斯贝尔斯的《历史的起源与目标》、马林诺夫斯基的《科学的文化理论》《文化论》，以及汤因比的《历史研究》等。以上各代表作在一定程度上促进了文化自觉研究。学者狄尔泰针对生命哲学的研究，根本上进行了创新，升级了康德的理性的批判，进化到了文化的批判。学者文德尔班和学者李凯尔特是典型的新康德主义弗莱堡学派代表人物，他们将价值问题进行了深入探索之后，根本上促进了文化哲学自觉性，基于狄尔泰的研究思路，肯定了文化科学，将文化哲学真正突破了思辨理论哲学范畴。学者胡塞尔提出的现象学理论基于文化批判维度促进了文化哲学的思考，且总结出了生活世界理论；学者海德格尔、伽达默尔等通过研究生活世界理论，最终基于理论和实践维度将文化哲学推向了现实世界。另一方面，学者列维-斯特劳斯提出的结构主义，学者舍勒、蓝德曼等提出的哲学人类学，学者福柯、德里达等提出的后现代主义文化批判思潮，在一定程度上促进了文化哲学发展，但这些理论体系具备局限性，并且每个学派之间的观点有冲突。

在西方文化哲学思想的冲击下，西方马克思主义提出的一系列文化批判导致了马克思主义有所创新。其中典型的代表人物包括卢卡奇、科尔施、葛兰西等，他们对物化意识和资产阶级文化领导权进行了批判，学者列菲伏尔和赫勒等对日常生活进行了批判，所有的批判对文化哲学进化有助推作用，使得实践哲学和文化哲学关系更加紧密。在西方，马克思主义针对人类文化实际运行制度的讨论非常深入，尤其是针对发达资本主义国家拥有的文化机制实施了强烈的批判，在批判的过程中缺乏实践和文化理论联系，西方的马克思主义文化批判多数针对的是发达的资本主义国家，而针对中国文化遇到的危机没有进行深入的研究。

2.国外对于中国文化现代化发展的研究

"冲击—回应"研究路向。美国学者费正清（JohnK.Fairbank）将西方的中国研究由古董式的传统汉学引向对于近代中国的关注，并提出了著名的"冲击—回应"（impact-responsemodel）模式。这一模式意味着中国社会不能独立地实现现代化转变，而只能通过"回应"西方的冲击来书写中国历史。而究其原因，在于中国文化传统之中难以自发性地孕育近代的科学精神，因此，中国传统文化的命运就是"等待"西方文化的拯救，从而将中国近代新文化看作西方学说的简单位移。针对这一模式，以保尔·柯文（PaulA.Cohen）为代表的新一代学者开始系统地反思美国学术界"中国研究"的视野、方法和诠释架构，提出了"中国中心观"。柯文主张从中国内部而不是从西方来审视近代中国历史，从而看到近代中国的社会变革根植于中国文化的土壤之中，并基于此探究中西两大文明系统之间交流、碰撞、融会的内在机制。

"创造性转化"研究路向。这一研究路向主要以海外华人学者为代表。林毓生首次提出了"创造性转化"的文化观念。所谓"创造性转化"，是指以多元的思考模式将中国传统文化当中存在的符号、思想、价值、行为模式提炼出来，对其进行重新组装，使其能够变成创新的资源，重新组装的过程中需要对文化持续认同。通俗讲就是将中国文化传统当中存在的符号和价值系统实施改造，能够对革新产生利好，使其成为变迁过程中的种子，持续坚守文化认同。此处的改造一词指的是传统中存在的值得改造且能够改造，在改造过程中既能够接受外国文化产生的积极影响作用，同时也不会将其生搬硬套。在《中国意识的危机——五四时代激烈的反传统主义》一书中，林毓生全面反思了五四时期"全盘西化""全面反传统"的思想本身正是中国传统思想方式在现代条件下的表现，而真正掌握了西方自由、民主和法治精髓的人，不应要求全面反传统，而应追求传统的创造性转化。他认为有些现代新儒家主张"儒家文化第三期发展"，以中国文化去同化西方思想的路向是错误的。许倬云对转化发展传统文化并构建中国新文化提出了独特见解。许倬云主张应该在吸收外来文化的过程中交汇融合、取长补短，从而构建中国新文化。他颇为重视西方民主政治因素，认为必须吸收西方民主政治的因素改造中国文化。比如传统的"五伦"经过转化后仍有现代价值。比如就"君臣"关系而言，那种"尊卑""上下"的观念和要求可以转化为双方对权利和义务的共同体认，从而转化为协调"上司与下属"之间关系的伦理规范。余英时在对中国文化系统研究的基础上，对中国文化的重建问题表示了浓厚的兴趣。文化重建问题自然涉及如何对待传统文化的问题。余英时反对"西化"等同于"现代化"，认为每一个民族都有其特殊的"现代化"问题。他认为民族文化是最经得起时间考验的精神力量。同时，他主张对传统文化进行调整与转化，以适应现代社会。他认为中国文化重建的问题可以归结为中国传统的基本价值与中心观念在现代化的要求之下如何调整与转化的问题。具体而言，一是现代性格的文化重建决不能依赖政治力量；二是政治与学术思想之间的关系必须做出新的调整，学术思想较之于政治是更具根本性的人类活动；三是当代中国的文化重建不可避免地要包含西方的价值与观念。成中英以"孝"为例，认为"孝"已经演变为一项终极价值，孝伦理也成为"孝的宗教"了。面临传统社会的逐渐现代化，"孝"的现代化问题是必要的也是必然的。成中英通过对儒家之中关于"孝"的伦理与西方关于"权责伦理"的比较，从而设计了一个现代化的孝的伦理模型，既可以看作西洋权责伦理对传统儒家德行伦理的一个改进，又可以看作后者对前者的一个补充。同时也可以看作对两者的创造性综合。一方面可以避免现代西方社会及家庭伦理趋向责权化的极端，另一方面可以避免步入传统儒家伦理侧重家族利益的极端。从而建立一套现代化的孝的伦理，把古典人性论的和谐思想与自然要求和现代社会人际间的权责关系与理性要求自然地结合起来。

3.国外对于"创造性实践"的理论探讨

以"知网"为检索工具，本文发现国外当前关于"创造性实践"的研究以"creative practice"为主题展开，其研究领域则集中于艺术哲学的发展和探讨。其中具有代表性的研究成果是杰米·布莱斯特和约翰·奥瑞丽（Jamie Brassett，John O'Reilly）共同编著的论文合集《一种预期的创造性哲学——在现在的空白中展望未来》（*A Creative Philosophy of Anticipation-Future in the Gaps of the Present*），在其书评中这样写道："这本经过编辑的文集突出了从预期研究中收集到的宝贵的本体论和创造性见解，这些见解面向未来，以便重新创造现在。聚集的杂文与许多作家接触，从思辨形而上学到诗学哲学，从古代的写作体系到巴塔形而上学的边缘。该书将自己定位为一种创造性的介入，并与各种思想家、设计师、艺术家、科学家和诗人一起，提供对预见方式的洞察。它汇集了哲学实践，其中创造性既是一个基本的考虑领域，也是一种工作方式，是最近大陆哲学的一个特点，它背离了传统的研究思维。这本书将对未来研究、预期、哲学、创作实践和创作实践理论，以及哲学、创作实践和商业的交叉领域的学者和研究产生兴趣。"[1]从书评中可以看出，该论文集是在探讨"Creative Practice"以一种本体论的视角出场后探讨一种面向未来的哲学和艺术以及科学的研究思维。在本书序言中，编者从阿尔弗雷德·诺斯·怀特海（Alfred North Whitehead）的一句"眼前的存在需要在当下的裂隙中插入未来"一句延宕开去，布莱斯特和奥瑞丽在别处曾主张，创作实践建构了我们存在的主要方面——真实与想象、物质与非物质、实际与虚拟。因此，本书介绍性章节提供了本书催促的空间位置。第二，"插入创造（具有创造性的哲学）"定位了该书的主要智力方面之一。把哲学当作一种创造性的实践并不常见，它是吉尔斯德勒兹（Gilles Deleuze）和菲利克斯瓜塔里（Félix Guattari）著作的一个特殊侧面。他们说，哲学是创造的。在论文集中，安妮·马格斯罗格（Anne Marchais-Roubelat）所著的《流动还是冻结》（*Flowing or frozen anticipation*）她提出由于创造力涉及每一次我们试图构思、产生或对某事作出反应时，它可能被研究为在时间内发生的个人或社会活动——除非它是时间本身的特性。在管理科学中，创造力的有用性取决于它达到一个目标的有效性，从而使创造力与历史流动时间形成对照——与海德格尔所强调的科学时间中的划分相对照——在冻结的时间中成为工具。流动时间质疑期货研究中的时间概念，尤其是在预期中，因为预期与行动直接相关。为了想象，在创造性的实践活动中，一种面向未来的流动时间观，我们提出从古代的时间中汲取灵感，当符号的使用帮助人们面对变化不定的、含混不清的事件时，对于时间的创

---

[1]Jamie Brassett, John O'Reilly. A Creative Philosophy of Anticipation:Futures in the Gaps of the Present[M].Taylor and Francis:Routledge，2020.

造性理解和掌控，是人尝试终结混沌性、自然性生存状态的值得称道的成就。符号出现了一个合适的工艺品，用它来想象和表述一个流动的时间，因此也是如此。安妮·马格斯罗格对于"创造力"的认识代表本书的主要观点，"创造性实践"是一种流动在历史中的实践活动，这种流动既是对于人类历史发展的一种承袭，同时也是面向未来的一种跨越，"创造性实践"之所以能够在时间岁月里流动式的存在，根本原因也在于人的主体性，是人在"赞美时间"并为之形成赋予意义的文化符号。综合而言，本书提供了一种参考性观点即"创造性实践"人的一种历史性跨越，抑或是说"创造性实践"的"时间"存在性，正是作为主体的人在时间中的流动，才促使"创造性实践"呈现出了一种流动性。同时本书提出"创造性实践"之于人类文化的本体性地位，提出正是这种具有本体性地位的"创造性实践"才能在时间的流变中创造出人的世界的未来。

4.国内外研究评析

就当前现有研究成果的分析而言，对于中国文化哲学研究与中国问题的探讨我们可以做如下概括：首先，马克思主义唯物史观和实践论是当代中国文化哲学理论基石，中国学者都能以实践为基础探讨文化哲学问题，在经过吸收西方文化哲学尤其是西方马克思主义文化哲学的理论资源基础上，围绕实践哲学的出路，建构了中国化的文化哲学思想。在其中，对于文化哲学的基本建构、文化发展的基本规律认识，以及文化转型和人类整体性文化走向的基本问题都有所涉猎，体现出基于马克思主义实践本体的精髓。

其次，对中国文化问题的探讨方面，中国文化的现代化发展问题研究中，走出了追求中国文化自觉和中国文化在当代"创造性转化"和"创新性发展"的两条文化反思之路，都抓住了当代中国文化问题本身不是一个"全盘西化"或者是"中体西用"的问题，而是在于如何以马克思主义的科学世界观与方法论重新审视中国文化资源，寻找中国文化在当代的发展道路。

与此同时，我们也发现了目前研究中存在的问题：首先，就中国文化哲学自身的建构来说，马克思主义唯物史观和实践论作为基础理论功底，从实践的角度去把握人的文化生成与文化发展，通过一种历史化的宏观性叙事来探讨文化哲学的建构问题，但却忽视了对于文化这一人的第二自然如何产生之"实践"的内在性把握，并没有将其与生产实践、日常生活等实践行为进行区分，致使文化何以产生的实践与生产工具的技术性的实践无法进行有效沟通，从而也很难提出超越现有的马克思主义文化哲学理论家的著作。对马克思文化哲学理论实践观念内在的"创造"问题的重视程度不够，直接导致了文化认识与文化哲学思考过于类型化，使得问题研究面面俱到，但是却无法切中要害。对于中国文化自身的问题研究，正是这种偏于类型化的研究思路，使得对于中国文化的思考不能够彻底审视中国文化问题，发掘中国文化具有现代意义的文化资源，最终流于表面。

其次，对于个体问题的忽视，也是中国当代文化哲学建构的一大缺憾，文化之所以能够生根与发展，归根到底是文化的人在创造文化，但文化的人一定是文化的个人，不把握当代中国个体所面对的文化问题，单纯从文化类型和文化发展的社会存在变革的方面探寻结果所得到也是一些泛化的理论概念。追求文化自觉作为文化学界反思中国文化问题而提出的现实性理论解决方案，其找到了中国文化现代发育的起点即"自觉"，但并未找到"自觉"的真正落脚点，这个落脚点就是个体的中国人的文化创造问题，正是个体创造性实践性实践的不自觉，恰恰是导致文化不自觉的根本原因。自习近平总书记提出中国文化发展的"两创"理论之后，关于文化的创造问题在学界视野中逐渐清晰，但是也并没有聚焦到当代现实的中国个体的文化生存和文化异化问题当中，没有对于中国现有的优秀传统文化资源进行足够的哲学性审视和反思，最终导致了马克思主义文化哲学研究并没有直面中国问题，提出中国文化现代化发展理论方案。

综上，中国现代文化在当代如何建构的问题必须由关注中国问题、立足中国经验的马克思主义文化哲学来回答，而中国当代文化问题的解决与出路不在于对于西方文化哲学思想的转化性吸收，而在于将马克思文化哲学进一步深入阐释，同时发掘中国文化自身固有的富于文化创造与创新精神的文化资源，从把握当代人现实的个体创造性实践的向度上提出中国文化哲学的建构之路。

第一章　西方哲学的"创造"观念

横亘绵延的万里长城、耸立于荒漠中的金字塔、断壁颓垣的玛雅祭台、三星堆里的黄金面具……林林总总，人类文明自古至今留下的无数文明遗迹都在显示着人类创造的力量。"创造"这个词在哲学史和人的文化史的发育中始终具有一种崇高的地位，它与"新可能""新思想""新洞见"甚至于"新世界"紧密相连，是一种"从无到有"的可能，人拥有对于"创造"的主体性还是从与"神"的斗争中得来的。

第一节　古希腊至启蒙时代前的西方哲学发展中的"创造"思想

一、从"神创"到"人创"古希腊时期的"创造"

古希腊人在人类文明发展史中占据十分关键的地位。不可否认，古希腊人的智慧以及发展成就的确存在，这是任何时候提到西方哲学史都无法回避的。自泰勒斯以来，古希腊早期哲学家通过探索世界的起源开始了他们的哲学研究。世界的起源是否是水、土、气、火，甚至是种子、原子等。它们都是人类自身之外的东西。这一时期的哲学家普遍继承了古希腊神话中所提及的神创论，其对世界的起源形成了独特认知。古希腊神话强调世界是从混乱的状态开始的。从科斯的胸中首先以一种不可理解的方式出现了地球，从地球上来了地狱，然后是厄洛斯（产生和束缚万物的爱）。在这之后，卡亚将天王星（天空、山脉）与她内心的庞图斯（海洋）分开。众神都是由大地女神该亚与乌拉诺斯以及蓬托斯共同孕育的，正是由于克罗诺斯与瑞亚结婚，才有了后来的宙斯，这位伟大的世界统治者①。古希腊神话包含了很多该类型的人类起源传说，甚至他们充分相信，人类最初是从石头或者树木中生长而来的。或者提出，已故的人是由宙斯和奥林匹斯山上的众神创造的。一些传说认为泰坦神普罗米修斯是人类的创造者，但不可能知道普罗米修斯是在原始时期还是在洪水之后创造了人类。从上述传说中我们能够看出，最初，普罗米修斯利用泥土以及水作为原材料，制造了人类，而灵魂却是雅典娜给予的②。这些古希腊奇迹之所以会出现，是因为在古代，古希腊人无法抵抗自然力量的压迫而屈服了。在寻找世界的起源时，他们必须理性地向上帝求助。在古希腊神话中，神与人的属性并不存在差异，在神的帮助下，人类实现了创造目标。敬重上帝的同时，更多地给予人类以尊重。神会影响人类的生命，人类的一切都是上帝提供的，因此上帝反映了人性。

公元前6世纪后近200年，古希腊哲学家们从未对神的创世论产生质疑，而且在不断探索世界阶段内，更加关注自然。这是公认的事实，但随着文德尔班总结道：虽然这些哲学家的思想基本上是指外部世界的，人的心理活动也不可避免地被描述为一种形式。我们可以理解，作为个人或群体，精神活动在潜移默化地对哲学研究人员产生一定影响。对应阶段内，人们认为感性自我认知水平受到严重限制，但是却不能完全否认他的存在。举例说明，泰勒斯强调，灵魂是可以改变位置的，所有的事物都具有生命，因此，灵魂也出现了不同类型。即便哲学家并没有认为心灵的主体即是灵魂，根本原因是未能从理性角度形成自我认知，但是认知出现以后，在层层的掩护下，关于心灵抑或灵魂与意志的相关研究也开始了。从

①[德]奥托·泽曼.希腊罗马神话[M].周惠，译.上海：上海人民出版社，2005：7-9.
②[德]奥托·泽曼.希腊罗马神话[M].周惠，译.上海：上海人民出版社，2005：198.

那时起，古希腊哲学逐渐开始对人类的思维模式以及意志理念进行研究。普罗泰格拉作为该领域的代表人物，其曾明确表示，灵魂是所有事物的尺度，伴随事物的存在而存在，一旦所有事物消失，灵魂也会随之离去。这里所强调的尺度，是指标准，所谓物，是指对象。所以，我们也可以将其理解为，人类属于所有事物的标准。人类存在，其他事物也会存在；而人类灭亡，其他事物也不会继续留存，一切也都不存在了。对我来说，事情是这样的；对你来说，事物对你意味着什么。意思是我知道这些，在我看来，我也并不例外。所以，普罗泰格拉在充分肯定能动性的同时，要求必须将人放在最核心的位置，而普罗泰格拉最早将主观能动性展现在人们面前，人的创造是由人的主观能动性影响的。从根本角度来看，不同因素的确能够对人类自身产生一定影响效用，比较常见的包括知识、外部环境等。但是，很多情况下，人并不可靠，而普罗泰格拉思想所产生的重要影响作用并未因此而减退。通过分析普罗泰戈拉思想，我们能够充分意识到当代人已经完全打破自我意识所产生的限制范围。尤其在理性自我意识形成以后，人类加深了对主观能动性的认知程度。理性自我意识与主观能动性全部被发觉后，柏拉图尝试从系统角度入手，对人的主观意志给予高度评价。在"蒂迈欧篇"中，柏拉图明确表示，工匠或者受益人创造了世界，随后其也被写进了传说，人们将最初的创造者称之为上帝。如果手艺人是根据模型进行创作的，那么我们心中一定会有一个疑问，世界的原型是什么呢？在所有原因中，创造者属于最核心要素，其自身也是所有被创造东西中最完美的一个。综上所述，对世界的原型形成感知，最终使其带有"永恒性"特征[①]。在柏拉图看来，创造世界者是根据想象的世界进行创造，并表示如果创造的复制品是建立在它的原作基础上的，那么包含所

①[英]泰勒.柏拉图——生平及其著作[M].谢随知，等，译.济南：山东人民出版社，1991：461.

有其他智慧生物的原作就不可能有同伴在它的旁边。否则，一定会有另一个生物同时包含两者，两者都是其中的一部分。在这种情况下，复制品不再是对原型简单进行模仿，而是要创造第三种形态。为了确保世界能够成为理想的生物，创造者只打造了唯一的世界，不仅不存在第二个世界，而且无限系列更是无稽之谈。柏拉图对模仿的理解角度非常特殊，尤其在神创论内，柏拉图强调上帝始终支持创造者工作，但是其所打造的世界并不是完全"从无到有"，而是将已存在的物质重新排列，以一定的模式创造世界，通过模仿的理念进行世界建设。不仅如此，其表示人类在整个创造过程发挥十分关键的参与作用。虽然人类大部分情况都是在模仿上帝的行为，但是其自身与创造关系十分密切，即整个世界都在模仿上帝的想法进行建设。与此前认知方式进行比较，进步非常明显，即柏拉图自身属于神创论者的一分子。由于系统内很多事物已经有所改变，柏拉图开始对此前的想法产生质疑，并重新对上帝创造方式进行阐述。虽然现代科学人所提出的创造观与其差距很大，但是在古希腊阶段，如此先进的思想的确推进了人类对世界以及自然认知的理解深度。更为关键的即是以柏拉图理论为核心，强调世界是唯一的，其是通过模仿神的原型进行建设的；柏拉图认为人类的一切创造都是在模仿，诗人、工匠无一例外，但是，模仿属于创造的一种方式，只是现代社会强调的原创却与其相差甚远。针对人类内心活动进行分析，包括了解观念与意志，很长一段时间内，哲学家均将其作为主要研究内容。古希腊的哲学家即便未对自我意识定义进行阐述，但是自我意识的确已经完全形成，以普罗泰格拉为核心的哲学家提出了水平较低的感性自我意识，柏拉图使理论变得更为系统，当时，主观能动性也正式进入萌芽发展阶段。虽然一段时间内，神创论影响力很大，人类没有创造力，但哲学家们对人类自我意识的发现和对人类主观能动性的探讨，都为人类创造力的形成创造良好的前提条件。人类形成了理性自我意识，主观能动性作用也能够全面体现出来，人类才能够真正成为创造主体。在思维模式影响下，创造力形成，并促进人们不断参与到创造性活动中。

二、基督教神学宰治下的"创造"

公元1世纪，圣经故事开始传播。至此，创造一词逐步走进人们的视线。《圣经》的《创世记》在前两个章节内，描述了上帝创造世界万物的过程，最初，人世间的一切都是混沌的，在这样的环境下，神创造了天和地。只是天地完全混合在一起，四周漆黑一片，只有神的灵魂不断在水面上飘动。神认为，应该有光。所以，时间开始分为白天与黑夜；慢慢地能够看到天空；然后就是陆地、大海、花草树木；太阳、月亮、星星出现了；世界上有了第一只小鸟、第一条小鱼；不同的牲畜、昆虫、野兽开始生存；第七天，神完成了所有造物任务，开始进入彻底休息状态。这里所提到的"创造"一词意味着从"无"中生出"有"来。造物主是创造天地万物的上帝。自然，人类也是上帝创造的。虽然上帝认为人类始终是所有事物中最关键的，但是其并不拥有创造力，创造是上帝才具备的功能，这也是基督教信奉的"创世说"的核心思想。目前，当我们回味之前所提出的"神创论"，依然能够从理论上看出，那属于一个人类创造的时代，由于理论只是与创造事物相关，受环境以及认知的影响，这种意识是与当代"创造性"相结合的结果，但它毕竟是人的某一方面的创造性体现。从《圣经》所概述的创世神话中我们能够了解到，其所关注的始终是人类自身要素。虽然上帝创造了人类，但是必须强调的是，人类从这个时候开始意识到自己的创造能力。因此，可以说，这种对上帝的尊重，对人的低补偿，或为人的创造奠定了基础。

在随后的千余年里（从4世纪到14世纪），"神创论"理论始终在不断完善，并组建了特殊组织"基督教会"。至此，基督的作用被扩大，他们认为上帝具有强大的创造力，而且思维模式也变得更为系统、更为强大。对应阶段内，三名医生教徒，即圣安·布洛斯、圣·杰罗姆及圣奥古斯丁影响作用最为关键。他们认为上帝的权威是不容侵犯的，而且自身在中世纪也拥有较高的社会地位，因此也受到绝对尊重。约翰·司各脱在《自然区分论》中表示，创造者与被创造者是完全不同的；但是部分情况下，创造者同时也是被创造者；被创造者不同于创造者；部分情况下，不属于创造者也不属于被创造者；而且上帝同时扮演了创造者与被创造者角色，世界的创造属于永久性行为，上帝是所有有限事物的实体，上帝创造世界是一个"从无到有"的过程，这里指的"无"即是上帝自身①。约翰·斯科图斯所提出的理论并没有得到相关人士的支持与肯定，甚至将其看作异端邪说，但是，其所产生的众多思想均带有理性特征，而且成功地将理性高度提升了，所有理性权威之外的东西均不被认可，尽管他仍然会以加强上帝的作用为最终目标，但这是对以前信仰上帝的捍卫者的彻底转变。托马斯·阿奎那对创造概念进行研究，并明确表示，世界上的一切都是上帝创造的。但是，其对传统基督教哲学理论的部分内容进行调整，并认为人作为一种造物——人对终极目标的追求、人与生俱来的潜能等，均在上帝掌控范围内。在上帝创造能力系统变得更为完善基础上，上帝创造水平也得到全面提升。经过千余年发展，基督教多次进行改革，最终走向繁荣。即便对应阶段内，西方文明并未得到良好发展，甚至处于最为昏暗的发展阶段，但"神创论"所提到的上帝的创造力得到了加强。与此同时，我们也能够看出，神创论彻底占据了思想高峰，而另一种声音也在逐步形成，我们几乎可以看到他所发出的光亮。奥古斯丁（教父）所提出的理论直接影响了神创论的

---

①[英]罗素.西方哲学史：上卷[M].何兆武，李约瑟，译.北京：商务印书馆，2004：495-496.

后续发展，作为一名神创论的绝对拥护者，他表示，上帝不是人世界的工匠，工匠要根据一个物体去复制出另一个物体，而且参照灵魂意愿，将想象体现在最终的物体上。如果上帝不是灵魂创造者，那么谁能够拥有创造灵魂的能力？①在奥古斯丁看来，即便在上帝给予灵魂后，人类才能够开展创造活动，但无论人类创造力的来源是哪些，依然不能否认人类具备强大的创造力。不可否认，奥古斯丁是首个对意志定义进行完整阐述的研究人员。人类对原罪进行研究，奥古斯丁表示，"原罪"即是人类需要完全脱离上帝限制，进而掌握绝对的自由。为了对自由意志进行追求，人类背上了"原罪"。后期，奥古斯丁表示人类所遭受的苦难都是在为原罪而救赎，但想要彻底摆脱痛苦，一定要真心信奉上帝，只是其对自由意志的质疑却呼应了现代哲学中的"人的'自由'"。人类只有拥有自由的意志，才能够满足理性创造需求。如果从该方面进行分析，奥古斯丁在有限程度领域内，已经提出人类具备一定创造力，这也为人的创造指出明确发展方向。无论是古希腊神话，还是基督教的形成，对应阶段内，人们均对设计能力提出了自身看法，而且表示上帝制造了不同规则，其也间接地将人类自主性特征全面体现出来。人类通过创造性方式，将自我思想传递给上帝，这也代表了人类对创造的基本理解。"神创论"主宰了人们数千年的思想，虽然它限制了人们的创造力，但它也打造了一个特殊的思想主题。神是人所创造的，一方面能够看出人类对自然的敬畏，另一方面也反映了成为神的愿望，这个过程通过中世纪才成为可能。然而，通过文艺复兴后期"创造论"的出现，"创造论"的概念仍然潜伏在哲学史上。

---

①[古罗马]奥古斯丁.忏悔录：下卷[M].呼和浩特：远方出版社，2006：259.

三、文艺复兴时期对人的"创造"的重拾

艺术在文艺复兴运动中占据核心影响地位，众多艺术家，如米开朗琪罗、达·芬奇等，普遍认为好的绘画作品都带有相似之处，但是其自身，包括其他艺术家在内，都希望能够不再创造模仿品，而是形成带有独创性特征的作品。作为创造力的根本性特征，独创即通过艺术家的一幅幅作品全面体现出来。此外，文艺复兴运动中也不乏一部分作家与思想家，其在文学创作及科学研究等方面，均取得显著成绩。其中，比较典型的思想家包括但丁、彼得拉克、薄伽丘等，科学家则包括哥白尼、伽利略等，此外，涌现了一批哲学研究人员，如布鲁诺、莱昂纳多等。整个文艺复兴时期，无论是思想家、艺术家还是哲学家，才华得到全面体现，在完全自由的环境内，自身也为人类精神文明发展做出巨大贡献。艺术家与工匠所具备的特殊能力是其不再代表上帝，而是完全展现个人能力的强大，可以说，对应阶段内，人类创造力有了良好表现，人类已经站了起来，不再把上帝推到自己面前，让他完全挡住自己的荣耀。在文艺复兴时期，"人"被置于所有问题的最前沿。人们逐步意识到自身拥有特殊的力量，只有通过不断努力，才能够更为全面地认知世界。我们祖先早已将人类能力反映出来，他不是通过上帝而获取的，该理念与中世纪基督教神学理论存在本质性差异。由于人类思想观念已经发生巨大变化，整个过程中，人性得到全面升华，人们希望能够摆脱教会对自身所产生的限制，进而彻底解放自身思想。正是由于文艺复兴运动的形成，人们才懂得如何通过知识了解世界，而且意识到科学的重要性，懂得尊重科学、相信科学，最终也在自然科学研究过程中取得众多成绩。可以说，科学的重生为现代科学的发展奠定了基础。文艺复兴时期强调艺术能够体现人体之美，而且认为人体的比例是整个世界范围

内最佳的比例，并最终将该比例引入到建筑设计阶段。即便当时形成的很多绘画及雕塑艺术品依然在表述宗教内容，但它们都展示了普通人的生活，神也越来越贴近地面了。人文主义研究人员利用古典文学重新对《圣经》进行解读，并将《圣经》翻译成国语，从而引发了宗教改革活动。人文主义不再恭敬上天，而是遵从理性，强调生活中的一切都是人类所创造的，因此也应当被人类所享用。其通过文学艺术进行人类情感的表达，认为科学能够为人类造福。希望通过教育推动人性发展，而且彻底摆脱神学对人类思想的禁锢。它崇尚个人自由，在历史发展中取得了显著成就。对于近代西方文化体系而言，个人主义意识逐步明确。从根本角度来看，其自身带有神奇的力量，而且能够完全改变整个世界，同时也会对人类进取心形成有效调动。可以说，整个时代造就了众多英雄，因此被形象地称之为巨人时代。

第二节　近代西方哲学发展中的"创造"思想

一、笛卡尔与洛克：理性世界中的"创造"

笛卡尔在思考"我是什么"问题过程中，假设人类无法对身体的物理性质做出判定，那么，人类是如何了解相关属性的存在呢？其所形成的最终思想，即属性与自身是不可分开的。我一定是存在的，而且存在的周期与思维存在周期完全相同。根本原因是如果我的思维停止运转，则我已经不复存在。目前，我只能够承认真实东西的存在，所以，从根本角度来看，我属于思维层次的东西；简单理解，可以将我看作心理、智力，甚至是理性。之前，这些词汇并没有出现在我的脑海中，而且也未得到重视，直到今天我才真正了解其内涵。而我是一个真实、真正、确切存在的东西，而且是有思维的东西[①]。从中我们不难了解，笛卡尔所指的心灵、智慧及理性，均不单单属于能力，而是富有思维意识的东西，也就是思想中的事物。人们用想象力思考其本质。但是，想象力却是真实存在的，自身也属于思维体系不可分割的一部分。笛卡尔哲学研究对象从最初的上帝转移为人类，而且认为主体并不包含个体，对客体的研究必须单独进行，包括从理性角度去思考问题。人生活在世界中，时刻都要保持理性。即便数千年前奥古斯丁已经验证了自我存在，但并没有更为系统地研究该课题。而笛卡尔对自我定义的描述，包括针对自我意识所开展的研究工作，基本让人类意识到自我认知所占据的核心地位，至此，上帝所具备的创造力已经完全削弱，人类认知也得到关注，同时也具备成为创造主体的基本条件。笛卡尔所提出的哲学理念认为，"我"的主题被认为在认知的过程中，强调主体的地位，主体的独立性带来的对象，所以，主体和客体的划分使男人的征服自然地被认为是一个创造性的活动。人是创造主体，创造活动的对象是客体。确定主体后，自主能力也会日趋明朗。

洛克白板理论要求对主体的经验力量给予高度肯定，洛克提出，人在出生阶段内，思想完全是一张白纸，不受任何观念的牵绊。而思想是如何深入人心的呢？在洛克看来，这些都与经验相关。所有的知识都是在经验基础上最终形成的。[②]想法通过经验而获取，相当于在白纸上留下了痕迹。我们通过累积经验而储备知识，以经验为基础，并通过经验呈现给头脑。这种想法有两个来源。一个是我们感官可感知的对象，我们通过这些感觉将对事物的感知传达给大脑；另一个是我们精神的想法，即内省。如果我们能够全面了解感官创造的事物，心理反应也会在大脑中体现，正如

---

①[法]笛卡尔.第一哲学沉思录[M].徐陶，译.北京：九州出版社，2007：47.

②[英]洛克.人类理解论[M].马昆，译.北京：中国社会科学出版社，1999：75.

内省能够使大脑产生全新的想法。我们的理念，无论是自身感受还是内心的思想，都是由这两个因素产生的，而人类观念获取方式则与上述因素存在一定差异。人类面临的世界丰富多彩，形成的感官意识也会相对更多；外在的感受、内心的思索，对应不同反省方式，势必最终形成不同的个人观念模式。反省观念与感觉观念是两个相对概念，相互比较后我们可以发现，一部分人从未真正地进行自我反省。

洛克用空白石板理论强烈否认天赋异禀思想，但认可人的合理性，并表示任何情况下，人类都应当处于最重要的位置，而不是"天大于人"。但是，针对天赋观念进行批判，洛克否认了"思辨理性"与"实践理性"，前者代表科学原理，后者则属于道德规范。洛克怎样理解理性呢？首先，我们必须了解洛克对理性概念的阐述。其将理性的运用分为两个部分：第一，针对已经确认的东西进行观察；第二，对主张进行观察，即便部分主张无法被确定，但在实践中被认为是明智的。对他而言，理性地位最高。其自身在任何领域所开展的研究活动均非常理性，伏尔泰曾表示，洛克将理性展示给他人，就像解剖学一样，让人们看到了完整的内部结构[①]。洛克所打造的思想体系，强调人类大脑中的全部观念都不是与生俱来的，而是在后天累积经验的过程中形成的，一部分也依靠不断反省。整个研究阶段内，洛克始终在对自身理论进行验证，而且未开展任何独立性思考活动。可以说，洛克的理解全部属于观念，而且外界对心灵的影响十分明显。思想的主体应当为个人，而并不是上帝。经验也是人类自身不断累积的。由于个体内心接受程度不同，导致得出的经验也并不一致，因此差异性会通过最终想法体现出来。此外，个体也是影响差异程度的关键性因素。对应阶段内，洛克利用证据有效证明了经验形成路径，其也对天赋

①[英]洛克.人类理解论[M].马昆，译.北京：中国社会科学出版社，1999：75.

观念理念造成巨大冲击，在洛克理念形成后，人的主体地位再一次得到有效证实。

二、维柯："人类形而上学"思想中的"创造"

18世纪意大利启蒙时代的思想家詹巴蒂斯塔·维柯（1668—1774），作为文化哲学创始人，其对文化哲学内涵展开全面研究，研究成果在19世纪到20世纪之间产生巨大影响力。维柯哲学创造过程中，笛卡尔的形而上学得到充分发展，可以说，维柯最初接触哲学过程中，思想受笛卡尔的影响很大，只是其并不认可笛卡尔所提出的形而上学想法。在其看来，笛卡尔的观点是完全错误的，因为其依靠机械物理模型建立了研究理念，并将错误性总结为以下两点：第一，从机械物理角度研究形而上学，通常认为哲学的起点即是物质，进而使人类心灵受到严重限制，无法对人类心灵活动形成全面了解，最终导致哲学研究丧失了基本价值；第二，完全相同的体系并没有建设完成。如果从形而上学方面分析，笛卡尔的假设要求存在特殊物质，而且属于被完全操控的实体物质。从中能够看出，笛卡尔的哲学肯定了对象属于物质实体变相形式的说法，但同时表示在无限变化阶段内，对象形式并不会存在实体。由此能够判断，笛卡尔的哲学理论强调物质实体与客体形式不同；而分析形而上学与伦理哲学关系，形而上学不能形成任何与基督教相同的伦理哲学内容[1]；此外，笛卡尔的形而上学更不能形成特殊的逻辑学[2]。因此，维柯表示，想要改变笛卡尔在形而上学方面的错误，必须针对人类哲学进行研究，而且从机械物理调整至整个民政世界，同时将哲学引入到语言学、法学等领域内，最终形成全新的哲学原则，即维柯所强调的"新科学"。

---

[1][意]维柯.新科学[M].朱光潜，译.北京：人民文学出版社，1986：631.
[2][意]维柯.新科学[M].朱光潜，译.北京：人民文学出版社，1986：631.

从形而上学的意义上说，人性是人的本质。那么，人的本性是什么呢？维柯提出了一个最为核心的客体，即人类创造了民政社会，人类心灵的不断变化即可以形成原则。①从中我们能够将维柯思想的核心词汇总结出来，分别为人与制造。维柯认为要想回答这一问题就必须回到人的最原初的形态之中，维柯发现在"野蛮人的本性"中人心灵的不确定性是其核心特征。对其而言，之所以人的心灵是不确定的，根本原因在于人在面对大自然的过程中所展示出的内在冲动与内在欲望。所谓人的心灵的不确定性，即是不同自然环境下形成的内心冲动与渴望。自然状态下，人的生活方式会对内心冲动以及渴望产生一定影响，而且对于自然而言，人类是非常脆弱无能的。此外，人的内心存在一种冲动，其希望能够改变自身状态，希望可以从自然存在完全过渡为社会存在。内心的冲动导致人的心灵发生很大变化，同时也有了自由选择的可能。人在自然状态下，内心思维控制着内心的欲望。维柯对人的心灵思维特征进行总结，表示正是由于人类心灵带有不确定性特征，每次进入新的场合，自身将成为衡量一切事物的参照标准。②这一思维模式主要通过两个方面进行体现：第一，所有未知事物都会被放大③；第二，所有未知事物都是以已知而且非常熟悉的事物作为判断的参考依据④。从上述结论中能够看出，维柯对人的心灵的不确定性，意味着人要对自身本性进行调整，同时打造全新的人性世界，一旦形成内心的冲动与欲望，即会产生超自然的属性与特征，这也是人性层次最深的表达方法。维柯通过分析人的心灵所带有的不确定性特征，使人性与人的本性得到有效区分，并提出在自然状态下，人性的特征能够继续

---

①[意]维柯.新科学[M].朱光潜，译.北京：人民文学出版社，1986：134-135.

②[意]维柯.新科学[M].朱光潜，译.北京：人民文学出版社，1986：82.

③[意]维柯.新科学[M].朱光潜，译.北京：人民文学出版社，1986：82.

④[意]维柯.新科学[M].朱光潜，译.北京：人民文学出版社，1986：83.

被保持，而且以此种特征为基础，持续进行自我发展，直至超越本性，使自身成为真正意义上的人。但是，并非所有处于自然状态下的人都属于人。根本原因是在自然状态下，人都会形成自我创造以及发展相关的冲动与渴望，其并不属于划分的重要依据；只有能够有效转化内心冲动与欲望，并最终形成创造性活动，这样才是一个有价值的人。我们可以简单理解为，人的本质并不是存在于自然静止状态下，而是要出现超越创造的活动；欲望属于人性发展的可能性要素，所有超越自然的活动均与人性的现实因素相关。维柯将超自然的创造性活动统一称之为制造。我们也可以将其理解为人类文化创造。维柯提出，人可以通过不同方式开展文化创造活动，如艺术、语言、科学等。而文化形式的创造与人类思维特征相关，正是由于人的思维具有不确定性特征，才使得宗教与神话最终形成。如果人处于无知状态，始终将自身作为宇宙衡量标准，并对所有不了解的事物进行判断，最终则形成了宗教与神话；艺术、科学、哲学、语言、制度等文化形态的出现均与人的灵魂所具备的不确定性特征相关，属于人类对自身的创造。综上所述，在维柯看来，文化创造不仅是人类灵魂内在冲动和内在欲望的实现，也是人类灵魂内在冲动和内在欲望本质的调节。它证明了人类心灵的内在冲动与欲望仅存在于现实活动层次。在创造与文化相关的冲动与欲望阶段内，人们的文化创造和对自身本性的超越才能够完全表现出来。所以，如果我们认为文化属于人的本质，这里所指的文化已经不再仅限于创造而出的文化，而是所有与人的文化创造相关的冲动及欲望激发的文化创造型活动。简单理解即是人类开展文明世界建设活动，根本原则为能够在人类思想变化过程中找到对应踪迹。

维柯也针对"人"与"制造"概念做出解释，整个阶段内，不仅阐述了文化本质内涵，同时也更为全面地介绍了形而上学思想。尝试从人类生存方式以及思维模式角度入手，强调人类操作者带有明显的不确定性特征，而且文化创造一定要从生存及思维方面进行。为此，"人的形而上学"也不例外，尤其在对人类文化创造价值进行阐述过程中，维柯集中体现了"诗性智慧"的形而上学。其属于本体论的重要组成单位。维柯笔下的"诗性智慧"有两层含义：一是古代民族的智慧；二是智慧作为哲学的本体论意义。维柯以第一种意思作为第二种意思的研究基础。从中能够看出，第二种意思主要分析"诗意智慧"的最终目的。而智慧相关的哲学本体论价值即是肯定了"智慧"是形而上学或形而上学。只是维柯对智慧概念的理解不同于古希腊哲学家，其表示智慧属于求知性活动并认为"智慧"应该是对人自身的训练功能，这不仅是理性的活动，也是想象的活动，是科学与艺术的统一。维柯对"智慧"所进行的功能性研究，最终均通过"诗性"本体来说明。对于维柯而言，"诗性"代表原始人的强烈感受及自由想象力。①原始人在以"强烈的感情和生动的想象"进行创作，最终形成了一种感知结果，这也是"诗性的"本体论形成的根本路径。所以，"诗"本体的核心价值即是人类所开展的感性创造活动。何伟克再对原始人对应创作方式进行观察后，对人的感性创造活动特征进行相应总结：首先，从本质角度来看，人的感性创造活动即是创造生命。原始人最初的感性创造形成了神话故事。但是，原始人并不了解神话是不存在的，而是认为其描述了自身发展历史。很长一段时间内，哲学领域研究人员并没有发现该部分问题，而是单纯认为神话是虚构的故事，并从现代哲学角度对其进行批判。为了避免此种现象，维柯提出原始人"诗学"的形而上学不可以从现代形而上学的角度去理解，因为古人的智慧属于凡俗智慧，而并非玄奥智慧。因此，学者们对希腊神话故事以及埃及象形文字所赋予的神秘意义都不科学，这些要素都是以自然为基础，随着时间发展而最终

---

①[意]维柯.新科学[M].朱光潜，译.北京：人民文学出版社，1986：161-162.

形成的。①其次，人的感性创造活动在理想与现实领域内完全一致。人的生活形成了感性创造活动，所以人是应该存在的。人类的感性创造活动不仅属于现实想象，更多地体现了美好的理想。

三、康德与黑格尔：德国古典哲学思想中的"创造"

在德国古典哲学的视角下，"创造"的前提是"自由"，只有有了"自由"，才有创造的可能性和创造的"实在"，这与古希腊哲学是一致的。古希腊哲学家逐步针对人类自由意志进行研究。其中，苏格拉底、柏拉图分析了自由属性，并对自由意志概念进行阐述；现代理性以及经验主义在自由意志方面所开展的研究工作，最终目的是以人类理性与欲望为基础，最终为人类思想寻找新的地位。由于德国的自由主义形成时间落后于欧洲地区其他国家，根本原因是自身资本主义发展速度受限，而且未能打造成熟的资产解决思路。即便英美哲学理论对德国哲学家的影响很大，但古典哲学研究过程中已经完全涵盖自由与理性对应的超越性内容，与此前研究状态进行比较，进步非常明显。

康德提出，我属于不能辨认的"物自体"，其存在于所有经验之上，但并不完全是精神或者物质实体。但是，持续追求知性过程中，我们能够实现与经验领域的最大统一。如果将其看作一种"理念"，则其带有明显的自主性特征，因此也处于完全自由状态。康德发现的自由论是将其作为逻辑起点。康德曾表示，虽然自由不是从自然中获取的，但是其依然存在一定发展规律，只是该规律存在一定特殊性；相反，自由意志也会丧失存在价值。自然带有必然性特征，以作用为基础，逐步体现他律性；由于此种因果性结构，产生任何的结果都可以作为其他规律

---

①[意]维柯.新科学[M].朱光潜，译.北京：人民文学出版社，1986：161-167.

的查询依据，而且意志自由完全被自律，我们也可以理解为自由规律属于意志的根本性质①。对先验的自由以及因果关系进行比较，自由属于自律，自律则是人类自由的化身，法律和道德以及自由组成了一个逻辑上的共同体，彼此互相包含，因此，可以将自由看作实践理性领域内的客观事实。在《纯粹理性批判》中，康德表示必然性与自由之间存在一定矛盾，自然规律对应的因果关系即是主题，并不是通过世界现象推导而来的，因此有必要从自由假定一个因果关系。与之相对的是，没有自由，世界上的一切都是按照自然规律而形成的②。康德参照纯理性的二律背反，更多地尝试从理论角度考虑问题，并希望能够解决存在的此种矛盾，虽然先验自由的方式不能起到证明作用，但是可以通过假设方法，形成先验理念，避免后续盲目开展实践操作。只有自由实践才能满足内容实践操作要求。康德将实践的自由分为两个层面，分别为"自由的任意"和"自由意志"。其中，人的任意与动物性任意的本质性区别即是自由任意，其并不会对感性冲动产生依赖，而是让理性占据核心影响地位。综上所述，理性也会形成特殊发展规律，我们可以将其看作一道命令，也可以看作自由发展规律。在认知发生的一切后，即便现象不会继续出现，但也会形成特殊的自然规律，而且与其他事物完全不同，所以，研究领域也将其称之为实践的规律。③实践理性的"自律"主要是指道德法律法则，康德以自由意志作为基本法则，并强调自由意志并不属于人的本能，更不是上帝的特殊权利，其普遍存在于人的自身。通常情况下，感性因素并不会对人的自由意志产生任何影响，而且长期发挥理性指导作用。我们可以将其看作自觉道德自律，只是层级相对较高。道

---

①[德]康德.纯粹理性批判[M].邓晓芒，译.北京：人民出版社，2004：374.

②[德]康德.纯粹理性批判[M].邓晓芒，译.北京：人民出版社，2004：374.

③[德]康德.纯粹理性批判[M].邓晓芒，译.北京：人民出版社，2004：610.

德法则也是自由法则，其核心价值是强调自由则代表自由意志。之所以针对自由意志进行研究，主要原因是康德希望能够体现道德与幸福的差异，同时合理解决不同理性之间存在的矛盾。最终，康德实现了自然与必然、道德与幸福矛盾的统一，并将其应用于由意志自由所产生的"一个个"。完美的境界是人一方面拥有崇高的道德水准，同时也真正从自由中获益。此外，收益物质后，生活的幸福指数也得到全面提升。

黑格尔坚持唯心的辩证法，并始终以辩证理论进行自身哲学的论证，包括自由观也对其进行全面论述。在黑格尔看来，自由产生的同时也包含着消极因素，在历史发展阶段内，累积的消极因素也会不断增加。黑格尔并不认为自由是绝对的，而且强调自由不能与必然性分开，必然性和自由也需要依附自由而存在。必然性与自由之间形成了对立统一关系，研究阶段内，必须从辩证角度考察问题。此外，黑格尔表示，自由是必然性的真理，但必然性对应的结果并不完全属于自由，只是自由是建立在必然性的基础上的，并将必然性自身包含其中。作为已经被抛弃的事物，自由如果受到严重限制，那么是否会丧失其本质呢？黑格尔表示，所有拥有高尚道德的人，始终认为自由思想不会受到任何阻碍，但是自由如果完全脱离了限制，人们才会感受到追求自由的意义，而这种自由并不是靠自己的行动就能实现的自我约束，因此，个体不会由于未采取某些行动而受到处罚，处罚也不具备稳定性特征，该部分个体并不认为被约束即是失去自由。从实际发展角度来看，黑格尔承认人天生是自由的，只是普通社会以及国家不会形成自然自由。任何社会条件，以及社会制度等，都会对自由产生一定限制。人的自然状态是一种不可能的、不受约束的状态。如果不限制这种状态，人类的自由就根本无法实现。只有受到道德和法律的规范，这样才能够真正实现自由。在黑格尔看来，只有持续开展知识及意志训练，最终才会拥有自由，这也是实现自由的唯一方式。利用理性训练而掌握的自由，理性占据核心影响地位。如果能够达到该状态，个人自由未必能够得到有限限制。上文中我们了解到，康德自由观将"我是自在物"作为研究的逻辑起点，而黑格尔所提出的理论却完全不同。其表示随意支配偶然事故并不是精神的本质性内容，但却可以指挥万物的发展①。人之所以为人，主要原因是其拥有自由的精神，对于黑格尔而言，精神就是上帝。

德国古典哲学所提出的自由观使创造性主体的主观能动性变得更为丰富。康德的自由观首先明确了主体的自由是通过至善来实现的，自由需要以开展创造性活动作为基础条件。需要强调的是，康德在肯定主体主观能动性理论基础上，形成了众多理论研究成果。黑格尔提出，必然性的认知是认识自由的根本条件，而且该部分自由带有明显的具体性特征。从中我们能够了解到，自由属于客体的不断改变。无论是康德还是黑格尔，对自由思想的理解均认为人类属于创造主体。

至此，主观能动性内容也有了实体性事物，而且可以通过具体方式进行展现。

第三节 现代西方哲学思想中的"创造"思想

一、弗洛伊德"本能"中的"创造"

作为精神分析学派的创始人，西格蒙德·弗洛伊德对人类本能的研究和他的人格理论触及了人类创造的动力机制。弗洛伊德表示，人类发展历程中出现的重大事件，全部属于一种动态的冲突反应，通常与人的关系、

---

①[德]黑格尔.历史哲学[M].王造时，译.上海：上海书店出版社，2009：299.

文化发展程度以及原始累积经验息息相关。①其中自我、本我以及超我代表了三个不同层次。其中，作为人格体系的重要组成部分，本我包括遗传本能及欲望两个方面，而且自身带有非理性特征，其在人的内心处于最后一个层级；自我则以理性以及常识性事物为主，其带有理性特征，在人的内心通常处于中间层级；超我通常将社会行为作为参考依据，产生于父母以及师长的教育过程中，更多地体现了内心想法与良性认知，自身带有超理性特征，因此也在人的内心占据最高位置。

弗洛伊德深受达尔文进化论的影响，他选择本能作为寻求进化的起点，本能体现在人体的生理需要上，他提出人类并不是理性的动物，内心始终被欲望和本能所控制。作为潜意识的特殊状态，本能一般不会被逻辑规律所影响，属于欲望和为了满足需求而实施的冲动性行为，其不仅无组织，而且带有明显的非理性特征。弗洛伊德在研究过程中，对人的本能进行分类：第一，活本能；第二，死亡本能。其中，前一种本能具体由性本能以及自我保护本能构成。自我保护本能可以通过创造力以及生活保护能力进行体现。生的本能可以改变安静的状态，同时不断排放愉快要素；相反，第二种本能即是希望自身不被外界所关注②。死亡的本能通常伴随仇恨，所以他是具备一定破坏力的，所有生命都会被打回无机物状态。正是由于已经出现了生命，生命才会被延续或死亡，两个不同倾向本身即存在一定矛盾。但是，上述两种本能的根本特征是对生命进行全部保护。从实际发展状况来看，生活总是在两种本能之间振荡，并存在于对立的冲突中。在这里，我们看到弗洛伊德开始思考生物、心理和社会模型中的人类创造

①[奥]西格蒙德·弗洛伊德.弗洛伊德自传[M].顾闻，译.上海：上海人民出版社，1987：106.
②[奥]西格蒙德·弗洛伊德.弗洛伊德后期著作选[M].林尘，等，译.上海：上海译文出版社，1986：70.

力。这里需要强调的是，弗洛伊德将本能理解为文明发展所做出的实际贡献，比如艺术和社会成就。本质上，他认为性本能是人类创造的动力，创造活动也能够纳入人类本能活动管理范畴。性冲动不断升级，人类会遗忘最初的目标，而是更多关注社会目标的发展，最终社会目的也会完全转化为性目的。与其相关的活动则包括科学及文学艺术等。采用间接模式更好地进行人类本能欲望的表现，同时将人的创造动力全面展现出来。

二、尼采"超人哲学"中的"创造"

尼采被认为是现代西方哲学的奠基人，他与弗洛伊德的思想十分相近，均认为人的本质带有非理性特征。但是，弗洛伊德提出动机的创造与人的本能相关，而尼采和叔本华则表示，人的创造动机主要通过生命意志进行体现。只是叔本华的生命意志主要是指人的生命意志，带有极其强烈的悲观性色彩，而且自身也非常软弱。尼采所追求的生命意志带有权利性特征，而且积极努力形成了特殊的价值评判依据，并表示如果上帝失去了生命，一切价值都要重新进行论证。人类创造的最终产物是不同的目标，同时使地球拥有存在价值。只有这样的人才能够制定善恶标准。①而评价标准本身需要创造才可以获得，价值通过评价而形成，只有创造者变化，价值才能够有所改变。创造者会不断承受外界冲击，最初，民族是唯一的创造者，随着历史不断发展，个人逐步取代了民族地位，真正成为世界的创造者②。尼采不仅表示自身所处的时代，人才是唯一的创造者，同时分

①[德]尼采.查拉斯图拉如是说[M].钱春绮，译.北京：生活·读书·新知三联书店，2007：62.

②[德]尼采.查拉斯图拉如是说[M].钱春绮，译.北京：生活·读书·新知三联书店，2007：229.

析文艺复兴以前的创造者应该是群体。作为一个国家,如果它不评价善与恶,也就是说,如果它不创造,它的存在本身就是不正确的,根本原因是其他国家评估标准很可能存在很大差异,最终拥有强大意志的国家将占据统治地位。在尼采看来,群体以及个人所产生的创造需求都是同等关键的,人类想要长期生存下去,必须持续进行创造。加大创造作用的宣传力度,不仅有助于对创造科学形成正确评价,不仅与当代社会十分贴近,而且领先程度也远超当时的年代。

在尼采看来,超人也属于创造者,而且自身能力十分强大。超人将统治世界,他不会像普通人一样软弱和富有同情心。超人拥有十分突出的权力意志。科学对其而言更像是一种创造工具,自身能够对事物价值做出重新判断。作为世界创造者,超人同时也创造了价值标准。只是超人并不是固定的个体,只是人生理想的重要体现,我们也可以将其看作未来的人,或者追求的理想目标。与超人相对应的是最后一个人,他是普通的、平庸的。同情心、耐心和谦逊属于其本质性特征。超人是这样群体的主人。尼采的所有生活愿景都通过超人进行体现,希望自己能够拥有超人的快乐,通过不断自我超越,实现心中伟大的梦想。

尼采认为权力意志即是人类最初的生命力量。假设将自身的冲动生命理解为意志表达形式,则其也体现了自我法则;假设权力意志代表所有功能的起源,其能够解决一切生殖以及营养问题,则人们完全可以重新创造另一种权利,使其能够完全掌控权力意志。对于内部世界而言,世界即是从理性思维角度对认知特征进行理解①。此外,其强调权力意志本身属于一个过程,而不是单纯存在于世界中。作为一种东西,或者一个秘密,任何权力意志都不应当被放弃。无论创造结果如何,无论对他产生了多么深

①[德]尼采.我们缺什么:尼采的生命哲学[M].龙倩,译.西安:陕西师范大学出版社,2007:148.

刻的爱，转瞬之间，可能已经站在了敌对面；因为意志完全控制了自身思想①。尼采甚至提出，个人幸福需要被权力所取代，所有生物都不会放弃追逐权力：生物应当对权力进行追求，而且权力越多越好。拥有了权力也就拥有了快乐；生物不会对快乐产生渴望；但是，一旦拥有了权力，快乐是伴随其而来的；快乐与生命共同发展②。尼采的论述使我们能够清楚了解到，人类存在的所有原动力都是权力意志提供的，人的身体和精神无法给内心创造任何快乐。如果人们想要幸福，他们只能追求权力，并最终拥有幸福。不是所有人都会追求幸福，但是得到权力一定会伴随幸福，即便权力意志属于带有明显庸俗色彩的激情。我们是否能提高我们的权力意志是一件重要的事情，但除此之外没有什么是非常关键的。同情、恐惧和温柔均应当被抛弃。生命的价值是要不断丰富内涵，而只有对权力的意志才能使人坚强。

三、柏格森"创造进化论"中的"创造"

法国哲学家亨利·柏格森的哲学被后世视为人生哲学的开端。他的哲学建立在生活冲动的基础上，被认为是非理性的代表。柏格森从更深层次研究了非理性思想，最终提出以生命为基础的创造定义。在其看来，生命的冲动是创造起源，同时，生命冲动也体现了人的本质。人们需要利用非理性直觉，更为全面地认知这个世界。柏格森的理论被称为创造进化论。他相信创造和进化并不冲突。进化不仅是生物体对外部环境被动适应的结果，而且是主导宇宙进化的生命冲动。进化是一个过程，在这个过程中，生命的冲动克服了知觉物质，创造了不可预见的新生命形式。创造能够推

---

① [德]尼采.生命的意志[M].朱泱等，译.武汉：长江文艺出版社，2009：32.
② [德]尼采.我们缺什么：尼采的生命哲学[M].龙倩译.西安：陕西师范大学出版社，2007：253.

进人类快速发展。此外，生活创造了人类思维模式，因此，所有的知识理论均与生活息息相关。西方传统哲学领域所提出的"机械论"与"目的论"，无法与"进化论"有效融合为一体，因此必须对主线进行调整，也是我们所强调的生命的主线①。心灵的生命不是唯一的，但也不是多元化的，其处于机械与智力范围外。柏格森所开展的创造研究工作具有划时代意义，而且属于典型的哲学研究内容。

柏格森对主体心灵自由意志进行研究后，开始分析宇宙万物的创造与升级。表示人类生命的任何阶段都离不开创造，其不仅延续了生命，同时也不断推出新的创造模式。"生命冲动"本身也属于创造需求，对于有意识的生命而言，只有不断改变才能够长期存在，而且改变会逐步趋于成熟，成熟即是自我创造的过程。②柏格森提出，人类发明、自由意志行为、生物体自发活动等，我们无时无刻都可以体验到，都是创造方法。之所以人类能够开展创造活动，主要是由于生命冲动发挥作用。通常无法利用创造方式获取生命冲动，主要原因是作为一种形式，需要直接面对物质，简单理解即是生命冲动属于自身反应运动。但是日常生活中，生命冲动能够帮助自身获取物质必需品，而且他在不断尝试给人类创造更多的额外自由。几乎全部物种都可以因为生命冲动而不断进化。进化依赖于原始生命冲动，原始生命冲动包含的分叉点较多，而且能够打破物质限制。柏格森更多地从哲学角度考虑问题，并开展创造边缘分析工作。西方哲学家认为，如果暂停了所有创造性活动，所有静止后的形式即转化为物质。生命的意义即是不断创造，如果创造活动不再进行，那么生命也终将停止。但真实情况却完全相反，主要原因是创造形式是静止的，但是其能够有效转化为物质的创造，所以，宇宙中的生命

---

① [法] 亨利·柏格森.创造进化论[M].姜志辉，译.北京：商务印书馆，2004：5.
② [法] 亨利·柏格森.创造进化论[M].姜志辉，译.北京：商务印书馆，2004：13.

永远处于恒定发展状态。

第四节 西方哲学史上"创造"观念的演变 及其问题

从古希腊时期延续至现代时期，西方哲学发展视域中的"创造"观念，整体呈现出一种三段式的变化趋势，即从"神创论"到"人创论"的"创造"观念主体性发现阶段，以"理性"为前提的，以"理性"为"创造"观念前提的"理性创造"阶段及重拾人的感性与非理性，强调人的感性生命经验的"感性创造"阶段。

在第一阶段中，从古希腊至启蒙时代前，人类对于"创造"的惊异首先在于回答人类所处的世界为何出现，以何出现，人何以产生的文化"元理解"问题，在这个过程中人的主体性不断显现和现实确证，"创造"作为一种"无中生有"的巨大力量，它主体实现了变迁，"神创论"被"人创论"所取代，神的伟大力量被"人是万物的尺度"的伟大主体性认识所取代。虽然在黑暗的中世纪中，人从肉体到灵魂都被上帝所宰治，但基督宗教神学对于人自由意志的考量，反而为文艺复兴重拾人的意义提供了佐证，正是这个使得人类犯下"原罪"的自由意志奠定了文艺复兴时期及其后千年西方文化对于人的基本特性的认识。在西方哲学史关于"创造"观念发展的第一阶段里，人对于"创造"拥有了绝对的主体性，同时，"自由意志"和"自由"的发现为其后以"自由"和"自我意识"为基础探讨人的"理性"和"理性创造"奠定了基础。

在第二阶段中，近代西方哲学搁置了形而上学存在论的理论争议，开始围绕着人展开了思辨探讨。无论是唯理论还是经验论的代表人物，理性的考量都是"创造"何以可能的关键，笛卡尔通过拷问一切来证明

"我思故我在",洛克则从经验论的角度去反驳天赋观点,他们开辟的一条解释"创造"何以可能之路,即在人的世界中,人是理性的存在物,正因为拥有了理性,人才会拥有人的世界,而"创造"之所以可能,正是因为"理性"使之可能,"创造"的对象是"理性"所认识的世界。毫无疑问,从人的角度上提出"创造"观念的是维柯的"人类形而上学",维柯发现了人构建自我世界的冲动与欲望,他以人的心灵的不确定性为其张目。维柯的发现,使维柯的哲学理论将"创造"问题明确地提出来,证明人自身超自然的内在冲动和欲望只是人性生成和发展的可能性因素,但人超越自然的创造活动才是人性生成和发展的现实因素。德国古典哲学对于人的"自由"和"自由意志"的考量,则在主体性方面对于"创造"观念的发展起到了极大的推动作用,可以说"自由"和"自由意志"将维柯所提及的人心灵的不确定性论述得更为恰当,正是人拥有着"自由"和"自由意志"才能从神的手里接过"创造"的权力,才能真正使世界成为"人的世界"。可以说在德国古典哲学集大成者黑格尔手中,人的这种具有"创造"能力的"自由意志"以"绝对精神"的形式出场,在"绝对精神"的自我运动当中,世界就被"创造"出来了。同时活跃起来,个体人的存在进入到哲学视野当中,个体的"自由意志"体现出"创造"的价值。

在第三阶段里,工业文明社会的发展使得人的异化问题不断严重,人所用的不再是真正属于自己的现实,人的感性被理性扫到了角落,成为被遗弃的对象,但人除了获得财富以外,人的一切价值都在缩水。对于"感性"的重拾,是这一阶段"创造"观念发展的关键,而感性的人的重拾则是对于人的现实性的肯定,人现实性则由一个个现实的和现世的个体组成。弗洛伊德从"精神分析"角度,将科学引入到"自由意志"的研究当中,发现人现实的精神世界,"理性"丧失了绝对的统治地位，"本能"作为"非理性"用了"创造"的主体性地位，弗洛伊德的理论证明，"创造"是一种人的本能性存在，进一步说明正是"创造"存在，人才"存在"。在"重估一切价值"的尼采那里，"超人"成了拯救人的救星，"超人"拥有着自我全部的感性生命经验，同时自我是价值的最终判断者和终极意义者，超人可以凭借自我站立于天地间，不需要"理性"来确证，他的感性世界即是一切。柏格森的"创造进化论"可以说是一种人类文化历史的解读，他把握住了人类历史的根本即是人的生命，在生命的"绵延"里人类社会不断进化着、发展着，而这种"绵延"之所以可能，正是因为人以生命为对象进行着"创造"，人的生命使之成为可能，"创造"也使人成为可能，所以人的历史就是"创造"进化的历史。在这一阶段里，人的现实性、感性和创造性都得到了极大的确认，使落入"理性"之手的伟大"创造力"重新回到了人的手中。

在西方哲学史"创造"观念的考量当中，我们发现西方哲学对于"创造"观念的发展具有重大作用，但同时所展示出的问题也十分突出。首先，从建构对于"创造"的主体性角度来说，虽然"人"取代"神"拥有了自我主体性，但这种主体性始终都具有一种抽象性，进而会在近代进入从被"神"宰治到被"理性"宰治的状态中，另一方面现代西方哲学里人的"非理性"和"感性"的重拾却没有将这种重拾重新回归到现实之中，并在现实之中探讨解放主体的可能，仍然具有抽象人性论的显著痕迹。其次，对于"创造"活动与"创造"主体之间的链接是一种线性逻辑上的衔接，虽然黑格尔在人的生成中内在指出了辩证法的存在，但因其理解根本上的唯心主义色彩，使得"创造"与"创造"主体之间的对象性，主体与"创造"对象之间的辩证关系被割裂，必须在辩证法中证明人与人的文化世界的对象性生成，以及其发展的根本可能。

值得一提的是，正是西方哲学史"创造"观念的发展，马克思主义文化哲学关于"创造"思想才成为可能，古希腊和文艺复兴的哲学探索赋予了马克思"人创造人的世界"的合法性，使得从人的主体性角度把握人文化世界生成规律成为可能。同时对于人的"自由"和"自由意志"的确证，使得基于"自由的有意识的活动"——"创造"得以由此展开。

第二章　马克思主义文化哲学中"创造性实践"思想的发展

第一节　马克思对西方哲学"创造"资源的吸收与发展

一、马克思对维柯思想的吸收与发展

在19世纪至20世纪马克思主义哲学发展史上，维柯阅读是一个不可忽视的环节。许多马克思主义哲学家，如马克思、恩格斯、葛兰西等，都在创立自己的哲学时阅读了维柯的著作，并在对维柯哲学的理解的基础上阐述了自己的哲学思想。以维柯的《人的形而上学》为例，维柯将其文化哲学的主题从探索人的文化本质发展到建构文化本体论和阐发感性创造的认识论，创造了一个面对现代理性主义哲学的文化哲学体系。从而为现代人文主义哲学开创了先例。在维柯的文化哲学体系中，有些内容是现代人文哲学所共有的，有些内容是文化哲学所特有的。

在《德意志意识形态》中，马克思将哲学称之为"实践的唯物主义"①。而马克思所打造的是何种哲学形态呢？传统的教科书体系将实践唯物主义纳入现代理性主义哲学系统管理范畴，如果从实际研究角度分析，其应当属于传统文化哲学探究内容。

我们针对马克思所提出的"实践唯物主义"与维柯哲学关系进行研究，马克思自身论述充分发挥参考作用。在《资本论》中，马克思总结了

①马克思恩格斯选集：第1卷[M].北京：人民出版社，1995：75.

机械与手工工具之间存在的本质性差异,其特别添加了一个脚注,表示在此之前,意大利已经开始使用机器进行纺织生产,只是功能不是十分完善。如果对工艺史进行批判,整个18世纪的发明的所有权几乎不会属于个人。但截至目前,依然未能形成该类型著作。达尔文也关注了自然工艺史,分析动植物在具体生活过程中,动物器官是如何作为工具进行使用。生产器官的形成过程,相当于物质基础发展历史,这些难道不具备研究价值吗?描述这样历史的书籍应该书写难度不高。正如维柯所描述,与自然史进行比较,人类史的最大不同之处即是历史完全由自身所创造。工艺学可以将人类与自然之间所形成的能动关系整体表现出来,人在生活过程中包含了不同类型的生产活动,很多精神理念也是在此阶段逐步形成的。甚至在物质的宗教史被完全去除后,依然带有明显的非批判性特征。从实际发展状况来看,采用科学分析方式,确保宗教幻象的重点,这样的方式往往难度更低。后续所采用的方式则属于唯一的唯物主义方法,其满足科学发展要求。唯物主义所具备的缺点已经被完全摒弃,而且在自身专业范围内,可以更为直观地表现唯心主义观点。①这个脚注被解释为马克思针对维柯思想所做出的评价。但从根本角度来看,通过阅读《资本论》,我们能够清楚地了解到,马克思并未对维柯进行评价,而是单纯地阐述自己的思想。《资本论》主要针对资本主义生产方式进行分析,最终目的是体现资本主义发展特征。对于马克思而言,改变资本主义生产方式,通过机器取代传统手工生产方法。而两者区别则体现在人工与自然世界两个方面:手工工具主要使用人体,因此无法打破人的力量对生产过程所形成的严重限制,也不能"摆脱人的自然器官的限制"。所以,手工工具展现了一部完整的"自然工艺史"。这台机器属于"工具机的工具",其作为一种

---

①[德]马克思.资本论:第1卷[M].北京:人民出版社,1975:409-410.

机构，自身满足独立运作条件，而且可以完全不受人为力量所控制①，因此，机器的形成与发展更多地展现了社会组织的物质形成历史，研究领域也将其称之为工艺学史，以及人工世界的发展史。在马克思看来，不能单纯地通过达尔文主义方式对技术史进行研究，包括自然唯物主义方式也是不科学的，具体可以利用维柯方法，认可人类创造了历史，进而对整个发展过程展开深入探究，这也是唯一的唯物主义研究方式。通过比较能够发现，马克思添加的脚注并不是对维柯理论进行评判，而是引入了维柯哲学理论，因此，我们可以判定马克思哲学与维柯哲学之间存在密不可分的作用关系。

其实，只要我们仔细分析马克思添加的脚注，进而发现其与维柯哲学存在的相同之处，只是本质并不一致。维柯哲学的两个核心要素是人类创造活动及历史主义。作为维柯哲学的主题，人类创造活动作用更为关键，而历史主义也是为了对人类创造活动进行阐述。维柯更多地对宗教、婚姻等风俗习惯进行研究，希望能够深入了解"诗性智慧"。而叙事结果是在"诗性智慧"反复进行阶段，人类形成了不同类型的文化创造活动，维柯的文学哲学传统也在此过程中逐步产生。历史主义研究者习惯将维柯称之为"历史哲学之父"。但是，如果我们从深层次角度对维柯历史主义进行研究，势必能够发现，维柯更应该被称之为"文化哲学之父"，根本原因是文化哲学希望将文化所具备的创造性特征整体表现出来，这也是维柯在早期所提出的研究结论。马克思以维柯理论为基础，逐步对历史主义内容进行全面调整，并对资本主义的传统生产方式做出批判。至此，维柯哲学与马克思哲学针对人的文化创造性活动的理解并不一致，在维柯看来，人的文化创造活动等同于"诗性的智

---

①[德]马克思.资本论：第1卷[M].北京：人民出版社，1975：415.

慧";但马克思却将其赋予更多的内涵。其不仅包含人对自然的能动关系，而且也包含人在生活中所产生的直接生产过程，以及基本生活条件等，简单理解为：人在不断地改变自然，同时出现了"人的文化创造性活动"，其真实存在于不同生产阶段内。马克思将所有创造性活动统一称之为"人的感性的创造"，并通过其对人类史进行描述，最终提出了"实践唯物主义"。综上所述，在哲学传统方面，马克思哲学与维柯哲学存在相同之处，但是本质方面却并不一致。

对于文化哲学而言，针对历史创造方面的描述内容并不完善。而叙事对象始终以历史叙事为主；历史叙述方式也要满足创造性活动的原则性要求。维柯哲学叙事的对象是原始民族的灵魂，原始民族的精神活动被非逻辑、非理性的想象所支配。因此，为了叙述原始民族的精神活动，维柯采用了心理学的叙事原则，即通过人的灵魂的不确定性来揭示人的文化创造力。马克思叙述的对象是现代人的文化创造活动，特别是资本主义条件下的人的活动。现代人，尤其是资本主义条件下的人，被强烈的理性和逻辑思维所支配，这与这一特征是一致的。马克思在他的叙事原则中也采用了理性主义的方法。

二、马克思对于德国古典哲学"创造"思想的吸收与发展

马克思对于德国古典哲学吸收与发展可以说是全方位的，对于德国古典哲学中"创造"问题的吸收与发展，其主要方面在于对于实践的本体论地位、主体性认识和辩证法。

（一）马克思对于康德"自由"思想的吸收与超越

在康德的《纯粹理性批判》中，自由被确认为一个先验概念，这种对先验自由的确认成为一切道德法则的开端，为实践自由奠定了基础。

实践自由是先验自由在道德实践领域的实践应用。它是人类独立于感性条件，按照道德法则进行的"应当"活动。自然按照自然因果规律运行，没有所谓的"应该"。作为理性的存在，人是"应该"行动的人。这种"应当"行为是指人们遵循纯粹的实践理性规律，遵守道德规律来规范自己的实践行为。在形式上表现为以"应当"为词的无条件命令，在内容上表现为道德和道义。这种道德实践是人类自由的现实。对康德来说，自由和道德是相同的。自由在道德实践领域是真实的，表现为人们遵循自己纯粹的实践理性，抛开一切情感体验需求和幸福考量。只有这种纯粹的道德实践才是真正的自由。康德认为人的自由是一种义务对义务的行为，它消除了感性和情感的一切约束，摆脱了经验世界的约束，遵循纯粹实践理性的规律。这是一种纯粹的自我观，它带走了人性的所有内涵，脱离了现实生活。这种纯粹的自由观不仅可以在现实世界中实现，而且一旦与现实世界接触，就暴露出康德自由观的逻辑缺陷。道德实践没有客观标准。没有客观标准的道德，在现实世界中注定是不可能实现的。为了解决这些问题，康德不得不将"灵魂的不朽"和上帝的"存在"置之脑后。灵魂的不朽为人们提供了在来世真正实现自由和享受幸福的希望，无所不知、无所不能、全善的上帝保证了特尔福德果实的绝对正义。可以说，在纯粹理性领域被康德驱逐的上帝，在道德实践领域又受到了康德的欢迎。

马克思最初是康德哲学的追随者。在柏林大学学习期间，年轻的马克思转向了黑格尔的哲学。虽然马克思逐渐摆脱了康德哲学，但康德哲学中的合理因素被马克思继承了下来。康德哲学最大的贡献在于将哲学的焦点转向人本身，"以人为本"，重视人的价值，把人的自由作为理论的最高归宿。把"道德实践"作为人实现自由的根本途径；"目的地王国"被认为是人类社会自由的真正实现。马克思继承了康德哲学的宝贵遗产，立足于现实世界对康德哲学进行了积极地反思。

由于康德对人的抽象认识和对实践的片面认识，康德的自由观必然脱离物质条件和纯粹形式，并不可避免地陷入现实困境。费希特、谢林和黑格尔都以自己的方式超越了康德哲学，但他们对康德哲学的批判并没有超越精神的领域，都是失败的。直到马克思才完全克服和超越了康德自由观的内在困境。马克思在具体的社会关系中考察了人，揭示了人的本质规定，确立了人的感性活动是实现自由的主体；在新的世界观的指导下，马克思认识到物质生产的实践对自由的实现是决定性的，并确立了物质生产的实践是自由实现的基础。马克思在揭示了人类历史发展规律之后，站在历史唯物主义的高度上指出，只有实现从"必然王国"到"自由王国"的飞跃，人类的自由才能真正实现。康德认为人是理性的自然存在，自由主体是理性的个体。当人作为自然存在时，人和动物之间没有实质性的区别。当人类作为理性存在时，他们从感性的品质中被提取出来，成为应该遵循纯粹理性精神的人。在马克思看来，自由概念的主体是人的感性活动。行为理智的人是具体的人，生活在一定的社会制度中，而不是被抽象的理性所定义。马克思把人置于现实具体的社会关系中，指出人的本质"在其现实性上，它是一切社会关系的总和"①。人的自由总是随着人类社会的发展而发展，人的自由程度是随着社会的发展而实现的。废除私有制，消除旧式的分工，发展生产力，促进社会关系合理化，走向"每个人自由发展"的道路，只能由无产阶级来承担。无产阶级通过革命等经验主义手段消灭资本主义社会中不合理的现实关系，消灭资本主义社会不自由的根源，进入共产主义社会。在共产主义社会，人与人之间的社会关系高度和谐，人的自由高度实现。马克思揭示了人的本质规定，把人置于特定

---

①马克思恩格斯文集：第1卷[M].北京：人民出版社，2009：501.

社会关系的语境中，确立了实现自由的主体是人的感性活动，确立了在现实世界中实现自由的出发点。

可以说经过康德哲学，马克思看到了实践的现实性，并在实践的现实性中发现了人的自由的现实性，也就是实现"创造"的现实性，"创造"主体的可能性在于人是一个现实的人，是作为"一切社会关系总和"的人所进行的实践，而这种自由的、有创造性的实践也必然是在现实的社会关系中由每一个现实的人来完成。感性的现实性即是自由的现实性。

（二）马克思对于黑格尔"自由"思想的吸收与超越

虽然康德在实践理性中确立了自由的现实性，但知识与实践、现象与自在之物的分裂状态，使得真正的自由只有在超越感性经验的基础上才存在。然而，黑格尔在自在之物和现象世界之间达成了和解，将两者整合为绝对理念。作为黑格尔提前逻辑的概念开端，各环节发展后形成的绝对精神是提前逻辑的完成。对黑格尔来说，绝对观念不是现实观念，而是精神本体，是作为主客体统一的世界万物的总和。自然也是绝对观念本身外化的结果，它是以精神的自由为基础的。因此，黑格尔把康德在不同阶段分离出来的自由概念统一为他的精神自由，把现象世界转化为绝对观念自身发展的各个阶段，把康德理性中的矛盾转化为绝对观念发展中自我否定的必然环节。黑格尔的思辨逻辑是一个概念实体。一方面，每一个环节都受到概念的约束；另一方面，贯穿黑格尔哲学的自由精神是以逻辑概念为基础的，"环节的必然性"和"全体的自由"在思辨逻辑中是统一的。黑格尔辩证法逻辑的动力在于从正、负、合三个环节建立抽象的自我、特殊的自我和具体的自我。在这个过程中，自由意志是不可或缺的。人类理性在这里概括了自由。在黑格尔看来，自然是我们认识的自然，而不是自然本身，自然本身并不表现各种现象。

所有自然现象，包括时间、空间、直觉和一般直觉，都是由人类主体的自由意志构成的。

在黑格尔的逻辑中，自由以绝对理念为逻辑前提，通过对自由意志的自我否定和再否定，回归到自身的精神自由。这里的必然性不再是外在的必然性，而是自由意志的必然联系。自由不再是一种抽象的、特殊的内容，而是一种有目的的、现实的活动，是人在自由的基础上实现自身价值的必然，并最终统一为绝对精神。由此可见，康德哲学中的自由与必然性的矛盾在黑格尔的辩证逻辑中得到了调和，而自由是以必然性为前提的，因为自由是在必然性中形成的，在主动放弃必然性之后，自由仍然保留着必然性的本质，自由与必然的辩证统一就是真正的自由。即使在绝对精神中，这种必要性仍然存在，因为自由一般必须要求实现定向自由。因此，黑格尔认为，对自然、国家或宗教的认识，如果不指向自由，就没有意义。但在黑格尔看来，世界历史无非是绝对观念在各个发展阶段的外化，其逻辑方向是自由的，但却是精神自由。黑格尔对历史的理解也从人的主体自由意志出发创造了自己的历史，并试图在历史中寻求规律。然而，他把这种思想埋在绝对精神的主体框架中，无法发挥其作用。马克思把对历史的认识从黑格尔的绝对精神中解放出来，认为创造历史的人是在历史中进行生产实践的现实主义者。

在黑格尔哲学中，黑格尔的逻辑先在是逻辑和直觉的共同前提，而绝对精神是逻辑先在的完成，对人类来说，是先在目的的完成。马克思反对的恰恰是自由的目的性，因为马克思的实践是对自由和必然的否定——实践是人自身的自由，人的世界是由自己的实践创造的。黑格尔认为，他的民族精神决定了市民社会，因为在黑格尔的哲学中没有现实的主体，只有抽象的绝对精神。被马克思颠倒的市民社会决定国家，把市民社会作为现实的主体。马克思在这里强调的现实来自社会生活中的生产实践活动。

马克思在《关于费尔巴哈的提纲》中提到，旧唯物主义忽视了人的主体自由，唯心主义忽视了事物的客观实在。其实，重要的不是把人理解为一个感性的对象，而是辩证地分析这个对象，追溯其产生和发展的过程，考察人的自由在历史发展过程中的存在。作为一种现实的社会存在，对人性的探索离不开现实生活的发展过程，而这个过程是在人的生产实践中进行的。因此，我们不应仅仅把人看作感性的对象，而应把人看作感性的活动，即从实践的角度去理解人。人的自由不是一种既定的结果，而是一种自由而自觉的生产过程，在这个生产过程中，人创造了自己的世界。

马克思批判地继承了康德的主体性原则和黑格尔辩证法的合理内核，以现实的人为立足点，将劳动介入人的本质。人的自由是生产实践过程中对自我的否定，意味着摆脱既定社会关系的限制，实现自我的突破。在马克思看来，人的自由不是为了寻求某种结果，而是人在生产实践过程中的理性能够真实地表达自己的情感和心理，这本身就是一种自由自觉的生活，使人在自我否定中充分发挥潜能。

三、马克思人的"自由的有意识的活动"[①]与"创造"

马克思在《1844年经济学哲学手稿》中探讨异化劳动时，通过对于异化劳动的考察，内在地揭示了"创造"的理论。马克思从现实的人的考量出发，不再如康德、黑格尔一般从抽象的理论性的人出发，进而马克思在国民经济学的框架内，考量人的劳动。马克思在文中对于异化劳动提出了四项规定：（1）自然界与人相异化。（2）人的活动机能、生命活动与人相异化。从人的角度来看，通过提供异化劳动，能够满足基本生活需求。

---

①马克思恩格斯文集：第1卷[M].北京：人民出版社，2009：162.

首先,其能够得到生活异化效果;其次,其可以将个人生活的抽象形式有效转化为类生活……(3)人的本质相异化。正是由于能够提供异化劳动,人的不同之处才被体现出来。处于自然界中的个体,精神以及个性均与他人存在不同之处。(4)人与人相异化。如果与自身站在了对立位置,与他人也存在对立关系。所有能够适合自身实施的生产劳动,无论产品还是与其相关的东西,同时也可以适应于其他人。综上所述,该课题的研究,更多的是在强调自身与他人的异化,包括与个体本质的异化等。①在马克思关于异化劳动的四重规定性论述中,我们可以知道只有扬弃了异化,人才能在拥有自己真正的类本质即"自由的有意识的活动",也就是说人只有扬弃了异化,重新拥有了"自由的有意识的活动"中,人才能真正拥有自己通过对象化生成的全部世界,才能是自身的劳动是一种本质力量的展示而非未来生存自身而不得不进行的手段,同时也只有拥有类本质人才能在他者身上直观自身,在社会关系中实现"每个人的自由个性"全面发展。

马克思在揭示劳动概念时曾这样写道:"首先,劳动这种生命活动、这种生产生活本身对人来说不过是满足一种需要即维持肉体生存的需要的一种手段。而生产生活就是类生活。这是产生生命的生活。一个种的整体特性、种的类特性就在于生命活动的性质,而自由的有意识的活动恰恰就是人的类特性。生活本身仅仅表现为生活的手段。"②我们可以看出,马克思十分清晰地区别了为了生存的劳动和真正的人的劳动,在真正的人的劳动中,人的劳动是一种"产生生命的生活",而不是延续生命的手段,所谓"产生生命的生活",马克思强调的是一种具有"自由的有意识的活动"的"生命活动性质",这种"生命活动性质"

---

①马克思恩格斯文集:第1卷[M].北京:人民出版社,2009:163-164.
②马克思恩格斯文集:第1卷[M].北京:人民出版社,2009:162.

使人区别于其他动物。动物与自身生活活动始终保持高度一致。通常情况下，动物不会将自身与生命活动有效分离。但人则不同，会将生命活动看作意志以及意识的表达对象。但是，如果生命活动存在意识，其势必认为人与动物的生命活动完全不同。受该理论的影响，研究人员认为，人类属于唯一的类存在物。从另一个角度来看，只有人属于类存在物，他才能具备独立意识。简单理解即是，对于生活而言，人是一个对象。而且只有该理论成立，其活动才能够被看作自由活动。而异化劳动则完全改变了此种关系，强调正是由于人作为存在物拥有意识，才使得生命活动产生，自身的本质是满足生存需求的有效方式。①从马克思的论述中我们看到了人作为"类存在物"与动物的区别，人在以自己的对象的对象性存在活动中来证明自身，而这种对象性活动即是实践，同时只有在以自身的"自由的有意识的活动"类特性去建构实践，实践才能是自由的，进而人才是自由的，所以异化劳动一旦颠倒了人与对象的对象性关系，才导致了这种人的异化。从这个角度来说，人的实践或者人的劳动，在仅仅为了延续自身生存，或者受制于对象的活动中，体现出的异化或者外化都不能算作一种人的生存，因为人成为手段和工具，而不是目的。

马克思在随后的论述中说，希望通过实践操作，使世界发生巨大变化，人可以证明自身属于类存在物，而且具备独立意识，其中，人完全认为自身本质即是类。但是，动物也在时刻开展生产活动。动物需要为自身修建栖身之地，但是，动物与人存在很大不同，他们往往只创造与自身或者孩子相关的东西；所以，动物的生产活动带有明显的片面性特征，人类则不然；动物在肉体需求影响下进行生产，但人类的很多生产活动与肉体

---

①马克思恩格斯文集：第1卷[M].北京：人民出版社，2009：162.

需求无关……人在建设过程中也会参照美的规律,所以,世界的改造过程可以充分证明人属于类存在物。利用不同生产过程,自然界能够更好地展现自身作品以及实际发展状况。所以,劳动的对象也是人类生活对象:人不仅可以在精神方面达到二重化发展效果,而且可以自主发现自身变化,最终在亲手创造的世界中进行自我审视。综上所述,异化劳动抢占了人的生产对象,同时也占有了类生活,如果人与动物比较后的优点全部变为缺点,最终无机的身体也会被完全掠夺。同理,异化劳动将自主以及自由活动看作一种手段,认为类生活的存在即是为了满足肉体需求。人类储备了类相关知识,只是在异化影响下,类生活也被作为一种手段进行使用。①马克思在这段话中清晰地阐释了"创造"与"生产""劳动"或者说人类一般性实践的关系。

其相同之处在于"创造"与"劳动"或"生产"等一般性实践的主体是人,都是人之于人的对象的对象性活动,通过实践产生了人的对象性世界和对象性自身。无论"创造""劳动""生产"都是属人的实践活动,并且始终是一个不断延续的过程,人通过实践来延续着人的感性生命。

同时"创造"不同于一般性实践活动的区别在于:首先"创造"的主体必须是"自由的有意识的",也就是说,任何动物性的、本能式的生存活动都不是"创造",也不可能是"创造"。只有拥有"自由的有意识的"类特性的人才能是"创造"的主体,"自由"不是康德、黑格尔理论意义上抽象的自由或者是逻辑上的自由,而是现实的、现世的,存在于社会关系之中的"自由"。"有意识"也表现为本能的"生存意识"而是一种可以称之为"创造性"意识的状态,在这种意识状态之中,人作为一个

---

①马克思恩格斯文集:第1卷[M].北京:人民出版社,2009:162.

"全面的人"拥有自身的类特性，同时又是充满自身能动性的，否则便不具备"创造"的资格，因为丧失了类特性的人仅仅是动物或者肉体意义上的人，而非真正的区别于万物的人；第二，"创造"的过程是人自身的"二重化"，这种"二重化"是非异化的，也即是以人为主体的"二重化"，人对于二重化的过程乃至于"二重化"的结果都是具有毋庸置疑的主体性地位的，这种"创造"是"按照美的规律"也就是"人的尺度"而产生的，在世界改造阶段内，人类充分意识到自身属于类存在物。依靠生产活动，自然界也成为自身作品的最好展示。①在这个过程中，"这种生产"——"创造"，使人真正将自身的类本质对象化为属于人的"自由王国"的世界而非属于自然的"必然王国"世界。此外，值得注意的是，人的"创造"是属于人自身的"创造"，是一种"全面的"以人的类本质为材料的对象化活动过程，而区别于具有单一功能性的某种实践性活动，也正是这种"全面性"也使得"创造"具有了一种"非功利性"，不以肉体生存为目的的"全面生产"，任何以肉体生存为直接目的的"劳动"抑或"生产"都算不上"创造"。进而进一步摆脱了现实的异化，直面人的本质力量。所以当异化劳动将自主以及自由活动作为一种手段，则人的类生活就是为了满足肉体生存需求，此种状态下，在自由与自主意识完全丧失后，实践只能使人更向着非人的物异化；第三，"创造"的结果是"人的类生活""他的作品和他的自然"，是人自身"二重化"了的世界，并能在这个"二重化"了的世界中"直观自身"。也就是说，"创造"是以"人的尺度"进行的，将人的自身"二重化"的"自由的有意识的活动"，它的结果表现为人的"作品和现实"，并在这种"创造"中产生了人"无机的身体"，正因为"创造"所体现出的"人的自由的有意识的活

---

①马克思恩格斯文集：第1卷[M].北京：人民出版社，2009：162.

动"的类性质,其对象化后的结果才能是真正的以"人的尺度为尺度",具有非功利性的和具有真正人的"审美"意蕴的人的造物,而不同于基于必然性规律的自然物。

综合而言,"创造"是一种非功利性的,以人的"自由"和主观能动性为前提,以人的全部自然世界和生活世界为材料的人的"自由的有意识的活动",它以"人的尺度"为尺度,产生的是以人的全面性为材料的"二重化"了的人的"作品"和"现实"。"创造"不以肉体的动物性需求为需求,不以人的生命延续为前提,而以人自身实现自我是"自由的有意识的"人为目的,在对象性生成的世界中使人感受到自身区别于动物的存在。所以"创造"虽然本质上是一种实践,但它绝不是基于某种功能和需求的实践,可以说它没有目的,但却以全人类为目的,它没需求,但它却是代表人真正属人的需求,"创造"的存在真正表达着人之存在。如果说人是实践生成的,那么人真正证明自身的就是"创造"。

第二节　马克思经典文本中"创造性实践"思想的文化哲学思想

文化是人真正创造的产物,是人文化实践的产物,所以文化哲学的本体论研究自维柯伊始就围绕着人的文化如何生成、文化的本质是什么,文化又在怎样对人进行规训,文化自身如何既具有现实功利性又具有丰富象征性,文化有几种类型,人类整体性文化如何来临等问题。可以说在本体论的范式上,文化哲学的本体论既具有存在论意义,又有生成论阐释,更有功能论发展，所以说"哲学就是文化哲学"①。但是因为文化的概念如同星云，200多种不同的文化概念讲述着人类百花齐放的文化现实，同样文化哲学的本体论也没有实现足够的澄明。马克思主义文化哲学是天然的实践哲学，在马克思主义实践论的指引下，"文化往往同自然和人的先天遗传因素相对，它是人的自觉的不自觉的活动的历史积淀，是历史地凝结成的人的活动的产物"。②文化以一种人为主体性的实践产生，从而形成了人独特的存在世界，同时正基于实践生成的理论，文化的形成是一个持续的过程，也是一个连接着经济、社会等方方面面具有历史性与发展性的过程。在这个层次上，文化的人就是实践的人，文化的类型就是由实践的类型所决定并发展的，怎样实践着就在怎样的文化中存在着。与此同时，实践本体论的历史性也为文化发展找到了一种规律性，同时马克思主义寻求人类解放的伟大情怀，也构成了马克思主义文化哲学追求人的全面发展，自由个性的理论情怀。

在马克思主义经典文本中，马克思关于文化创造的讨论虽然并不集中，抑或说没有主观意识去构建以文化为理论核心的研究命题，但在马克思实践唯物主义"理论不断形成理论体系并批判现实社会的过程中，马克思通过对自我意识的批判、人的本质的批判和人类历史进步方式的批判"③对于立足于解释世界的近代理性主义哲学进行了彻底清算，建立起了一种文化哲学的世界观与方法论。以时间为线索，马克思在《博士论文》《1844年经济学哲学手稿》和晚年的《人类学笔记》及相关书信中所体现的文化哲学思考较为集中和清晰。

①[俄]瓦季姆·梅茹耶夫.文化之思——文化哲学概观[M].郑永旺，等，译，哈尔滨：黑龙江大学出版社，2019：3.

②衣俊卿.回归生活世界的文化哲学[M].哈尔滨：黑龙江人民出版社，2000：138.

③何萍.马克思主义哲学与文化哲学[M].武汉：武汉大学出版社，2002：55.

一、《博士论文》中马克思的"创造性实践"思想

《博士论文》是马克思还未彻底告别黑格尔和德国古典哲学研究传统的一个作品，马克思在《德谟克利特的自然哲学和伊壁鸠鲁的自然哲学的差别》中，引用了一篇德国古典哲学韵味浓重的博士论文，以德谟克利特与伊壁鸠鲁的自然哲学的差别问题，探讨和批判了当时占据思想制高点的黑格尔的自我意识理论。如果从结构方面来看，马克思对自我意识学说进行重新建设，其主要包括以下两方面内容：第一，通过偶然世界的观察，打破世俗世界与人类自由限制，同时也加深对自我意识的研究；第二，以矛盾关系论述为基础，打破自然世界与人的主体性限制，最终理解自我意识存在的内部矛盾，包括具体的自我否定机制等。上述两方面内容均体现了一个核心理念，人具备一定创造性，或者否认自身的存在，人通过自我创造形成了世俗及自然世界。通过调查我们能够发现，该思想在整个马克思主义文化哲学体系内占据十分关键的影响地位。[①]

（一）偶然性世界与人的自我意识

什么是偶然性？如何对偶然性进行理解，对于西方哲学研究领域而言，偶然性存在于整个哲学史发展过程，而且形成的两种研究结论却存在本质性差异。其一具体从认知方面回答了该问题，强调人的感性存在一定偶然因素，其也是应用该种方式去感知世界，最终表现形式也是必然存在的；其二则是围绕本体论意义进行回答的，将偶然性看作人全部的感性的生活世界，偶然性与非定在则构成了人的另一种自由的存在方式。综上所述，对偶然性概念进行分析，其属于西方哲学领域的重要课题。在《博士

---

①何萍.马克思主义哲学与文化哲学[M].武汉：武汉大学出版社，2002：56.

论文》中，马克思以该问题为核心，总结了德谟克利特自然哲学与伊壁鸠鲁自然哲学之间存在的不同之处，我们也可以将其理解为清理了西方哲学系统，自我意识研究对象也因此变得更为明确。

在马克思的论文中，其也提到了德谟克利特与伊壁鸠鲁哲学思想，对于偶然性有着截然相反的观点：德谟克利特几乎视偶然性于无物，以至于将其当作一种主观假象，与之相反的是伊壁鸠鲁却珍视偶然性，在其理论中把偶然性归为了客观现象。从对于偶然性问题的对立态度，就使得两人站在了另一个不同的存在论世界当中：德谟克利特坚持把必然性与偶然性单独处理，并表示自然世界无法离开必然性，但偶然性在存在论的意义上是不真实的，只在认识论的意义上具有真实性；与之相反，在伊壁鸠鲁的理论中，其认为感性的生活世界始终存在，而且也不能彻底摆脱偶然性，而认识论的相关东西作为必然性是可以被排除在外的。通过对比两种哲学，马克思更认可伊壁鸠鲁思想，自身也对德谟克利特思想给予否定。具体研究阶段，马克思在博士论文中通过对两者观点的分析，将围绕偶然性构建的存在论意义世界与围绕认识论构建的意义世界进行了区分，马克思尤其强调对于哲学本身而言，真正具有研究价值的研究对象应该是存在论意义上的偶然性，而他自己的哲学就是要研究人的偶然的感性的生活世界。从博士论文开始，马克思就对自己所进行的哲学研究有了明确定位。

在哲学传统的承继看来，马克思是以伊壁鸠鲁哲学为出发点，但是，马克思努力消除伊壁鸠鲁哲学中的消极因素，赋予感性生活世界以能动的创造性，把感性的生活世界看作人的自由的展现。所以，在评价伊壁鸠鲁哲学的每一个环节上，马克思都努力地发掘和发挥伊壁鸠鲁哲学中有关主体能动性、创造性的思想。

在论述伊壁鸠鲁对感性世界的说明时，马克思肯定伊壁鸠鲁把感性世界当作存在的客观现象，并强调他关于感性知觉的能动性思想，强调这是伊壁鸠鲁哲学与德谟克利特哲学的一个重大差别。他还专门引用了西塞罗对德谟克利特和伊壁鸠鲁的评价来说明这一点：如果伊壁鸠鲁将感性知觉作为评判依据，客观现象与感性知觉完全一致，那么西塞罗所表述的内容也不存在任何问题。其强调，在德谟克利特的眼中，太阳很大，因为他有很深的学问，而且储备的知识体系也十分完善；但对于伊壁鸠鲁而言，大小仅在两尺左右，他的表述依据就是看起来太阳的确只有那么大。①

对伊壁鸠鲁崇尚哲学的观点进行评判，其并不重视实证科学，但是马克思却将哲学与自由关系完整体现出来，并表示，之所以哲学与科学存在不同，主要原因就是哲学能够让人类拥有自由，科学却只能将人类思想禁锢在已经累积的知识范围内。研究阶段内，通过引用伊壁鸠鲁所提出的哲学评价对自身观点进行验证，伊壁鸠鲁在哲学世界中收获了满满的幸福。而且自身也明确表示，只有为哲学服务，才能够真正获得自由。所有为哲学甘心奉献的人，不用等太久就会拥有更多的自由，而且为哲学服务本身即是自由的。在教导阶段，马克思还表示，青年人不能停止对哲学进行研究，老年人也不例外。灵魂的健康不分年龄。如果谁认为还没到研究哲学的时间，或者研究哲学的时间已经错过，那么他也不会得到真正的幸福。②从中我们能够看出，马克思不仅认为哲学的本质包含自由，而且强调追求自由的过程即是献身哲学的过程，其属于典型的哲学理论实践方式。

在评价伊壁鸠鲁对偶然性的界定时，马克思区分了抽象的可能性和实在的可能性，说明偶然性与主体之间的本质联系。他写道：偶然属于一种特殊的现实，而抽象的可能与现实的可能是完全相反的。很多现实

---

①马克思恩格斯全集：第40卷[M].北京：人民出版社，1982：200.
②马克思恩格斯全集：第40卷[M].北京：人民出版社，1982：202.

的可能会受到严重限制，但抽象的可能却可以自由幻想。现实的可能要对客体必然性进行证明，抽象的可能不属于客体，因此只需要对主体做出说明。一般情况下，仅涉及部分对象的可能性要求，其满足想象条件。所有抽象可能的事物，在想象范围内，都不会对主体思维产生限制，更不会将自身发展成为障碍物。而是否可以转化为现实并不重要，根本原因即是对象自身并未受到广泛关注。①这段话是马克思对感性的生活世界的存在方式的探讨，亦是对自由的根据的说明。马克思所说的"实在的可能性"是"存在着一系列的条件、原因、根据等等"②。这种可能性具备明显的必然性特征。所以，是决定论的、实证科学的根据，是客体存在的根据。马克思所说的"抽象的可能性"是哲学的、想象的可能性。与"实在的可能性"相反，这种可能性恰恰是要消除一系列的条件、原因、根据等对主体的限制，它的目的是服务于主体，赋予人自由，因而，它是人的自由存在，是主体存在的根据。可见，在这里，马克思不是简单地把可能性与人的自由融合为一体，希望能够验证可能性对于人的自由而言，影响作用十分关键。

从上述分析结果中我们能够看出，马克思针对感性生活世界与人的自由关系进行全面阐述，认为：人类创造的世界就是一个感性世界，人类自由地生活在世界中，所以，人的自由体现了感性世界的本质，而且只有在感性世界中，人类才能够体会到本质的存在。感性世界所对应的抽象可能性也是以自由为基础逐步形成的。对内在关系进行探讨，马克思对创造性存在范畴进行界定，与实践唯物主义所强调的贯穿方式并不一致，而且在文化哲学领域发挥十分关键的影响作用。

①马克思恩格斯全集：第40卷[M].北京：人民出版社，1982：206.
②马克思恩格斯全集：第40卷[M].北京：人民出版社，1982：205.

（二）自我意识的内在结构

马克思在《博士论文》中主要针对自我意识展开讨论，其属于鲍威尔哲学问题的延续。对于鲍威尔而言，其认为哲学的最高原则即是自我意识。从哲学角度分析，自我意识是对个体的精神建设，而与宗教及现实世界进行比较，其带有明显的批判性特征。鲍威尔所阐述的自我意识学说，打破了绝对精神哲学体系所产生的限制，而且自我意识地位也得到全面提升。但是，鲍威尔理论存在一个很大漏洞，即其不是以物质世界为基础介绍自我意识，这样的关系存在很深的内部矛盾性。马克思充分了解存在问题后，使存在的内部矛盾得到逐一解决。

马克思提出，想要发挥实践作用，必须实现精神自由。但是，只有满足双重否定条件，才能够得到精神自由目的。首先，否定世俗的现实。其次，否定自身内在规定。马克思也针对以上双重否定关系进行深入阐述，世界在哲学化发展过程中，哲学也带有明显的世界化特征①，而实现哲学目标也会丧失一部分关键性因素，外部的反对声音即体现了哲学体系的不足之处，也是通过持续斗争，可以充分意识到错误的存在，深入思考才能够彻底解决这些错误。所有反对意见也会存在一些相同之处，只是对立面因素占据了关键位置。②哲学领域内也存在与世界相对立的关系，以此为基础，形成了一个全新理论，部分自我意识存在双面性要求，一面与世界相对应，一面反映了哲学自身内容。由于很多对象从哲学角度分析，其属于本身。但对应关系却被完全颠倒，其所涉及的自我意识一定产生双重需求，而且行为也会受到很大影响。如果可以从非哲学角度对自我意识进行释放，则体系形成的束缚也会随之消退。自我意识终始在不断变化，发展

①马克思恩格斯全集：第40卷[M].北京：人民出版社，1982：258.
②马克思恩格斯全集：第40卷[M].北京：人民出版社，1982：258.

过程也能够被有效控制。只是理论方面未能打破体系困扰，体系所具备的伸缩性特征也会引发新的矛盾形成。一旦自身不认同该体系，最终只能将体系的部分环节展现出来。①我们可以将马克思的阐述总结为三个规定性结论：首先，自我意识存在于自身以外，而且只有脱离了精神的世俗，才能够满足实现目标要求。其与自我实现所形成的内在夙愿相关。但是，如果自我意识进入该发展过程，而且实现了最终目标，精神内涵也变得不再纯粹，这样的意识完全成为现象的表达方式。此种状态下，自我意识将通过内在本质以及外在形式进行表现。内部规定的事物则属于内在本质意识，相反，自我意识形式相关的东西，全部纳入外在意识形式管理范畴。自我意识的实现，需要两者共同发挥作用。这里需要强调的是，马克思已经对自我意识进行了二重化处理。其次，在马克思看来，之所以存在本质意识与外在意识形式，根本原因即是自我意识出现了内部矛盾。我们也可以理解为，哲学内部要求与外部世界性质存在的差异之处。从自我意识角度分析，该矛盾的确客观存在，而且任何情况下无法被完全消除。再次，自我意识内在的形式和质料、存在和定在之间的矛盾促成了相互否定关系，通过彼此批判，了解自身不足之处，并未实现自我意识目标提供强大保障。从马克思所阐述的自我意识结构规定中，我们能够清晰地了解到他的自我意识学说与鲍威尔自我意识学说的差别：鲍威尔的自我意识是完美的、无缺陷的，而马克思的自我意识是不完美的、有缺陷的。因此，自我意识的实现就不只是面向外部世界，还必须面向自身，它要通过外部世界的否定克服自身的缺陷，达到自身的完美。这是自我意识产生矛盾的根源。鲍威尔的自我意识是无矛盾的，因而也是封闭的，马克思的自我意识也存在不统一要素，所以将其对外开放。

①马克思恩格斯全集：第40卷[M].北京：人民出版社，1982：259.

此外，马克思也针对自我意识结构展开一系列研究活动。

首先，马克思以自我意识结构为基础，对人的自由论进行分析。上文中我们了解到，马克思对人类自由的理解是从存在意义方面进行的。那么，人的存在自由属于哪一种自由呢？具体利用伊壁鸠鲁所提出的原子偏斜学说对该问题进行阐述。马克思表示，伊壁鸠鲁的三个有价值定义的概述即是：直线体现了自由的定在，我们可以将其理解为即自由的物质形式；偏斜属于个体属性，其带有明显的抽象性特征；直线与偏斜是形成自我意识内在矛盾的主要因素。以上三个定义联合在一起，能够充分了解自由概念；而只有打破固有局限，人类才能够实现真正的自由。马克思对内涵的理解具体包含三个层次：第一，自由属于自我否定的活动。否定等同于伊壁鸠鲁所提到的"排斥"。在马克思的眼中，只有形成了排斥，人类才能够真正实现自由，同时也为自我意识形成创造良好基础条件[1]。因此，该层次在自由否定阶段内发挥十分关键的影响作用。第二，人与自身的完整脱离。自我意识所形成的内在矛盾属于定在矛盾。存在即是人的本性，同时也是自身物质性特征的重要体现。从该定义中能够看出，自由可以理解为分离自我意识的内在矛盾，其可以超越自身所具备的物质性特征。综上所述，马克思表示，人如果想要成为唯一的客体，而且满足真实性要求，则必须解决相对定在问题，而且欲望要成为单纯的自然力量。[2]马克思对自由的理解，与维柯等哲学家思想基本相同。我们认为，这就是马克思对自由所做的一种文化哲学的规定。第三，自由可以看作个体性的延续。在《博士论文》中，马克思多次对该理论进行阐述。而且伊壁鸠鲁原子论深刻表达了人文主义内涵，而且认为原子能够独立存在，这也是自由的一种特殊表现。马克思所形成的所有与伊壁鸠鲁原子论相关的评价均

---

①马克思恩格斯全集：第40卷[M].北京：人民出版社，1982：216.
②马克思恩格斯全集：第40卷[M].北京：人民出版社，1982：216.

体现了该问题的存在，即便原子内部也存在一定矛盾，但个体性也要进行合理转变，自身概念也在该过程中被最终确定。马克思对原子定义进行介绍，提及一个关键性理念：直线个体性特征的展现，一定存在于特定关系中，而他物即代表了直线自身，虽然部分情况下，他物的存在形式已经站在相对对立位置。综上所述，一个人与另一个存在关系的人并属于不同于他的存在，对于自身而言，虽然不能称之为精神，但也不再属于自然产物。①以该理论为基础，马克思最终提出了"自然人化"和"自由人的联合体"思想。相反，我们认为两种思想即是马克思对人的存在自由思想的深入阐述。

其次，马克思依靠自我意识结构，对人的自由形式进行全面分析。其表示，从存在形式方面分析，人的自由所形成的时间是一个具备较高价值的定义。在巴门尼德的哲学中，空间是说明本体存在的概念，时间属于现象世界，是一个对于本体规定没有意义的概念。德谟克利特原子论本着这一观点，把空间看作原子的本质，时间是需要消除的东西。伊壁鸠鲁主张感性世界的真实客观性，于是，对时间和空间做了与德谟克利特完全相反的理解。在伊壁鸠鲁看来，相对于偶性来说，时间是比空间更重要的概念，因为，时间是"偶性之偶性"，即"现象的绝对形式"，空间虽然也是现象的形式，但只是"具体自然界的被动形式，时间则是它的主动形式"②。在马克思看来，伊壁鸠鲁颠倒空间和时间，其实是原子的现象学还原。这便是伊壁鸠鲁及德谟克利特所提出原子论的不同之处。马克思肯定了伊壁鸠鲁对时间的理解，却不满足于此。他认为，时间与感性的关系恰恰是对自我意识存在的绝好说明，强调原子不外属于特殊的自我意识自

---

①马克思恩格斯全集：第40卷[M].北京：人民出版社，1982：216.
②马克思恩格斯全集：第40卷[M].北京：人民出版社，1982：230.

然形式，感性的自然经过一系列变化后，最终形成了自我认知①。我们认为，马克思在这里所说的"感性的自我意识"就是对自由的存在形式的说明。原子是抽象的、个别的自我意识的自然形式，就是说，作为个体性存在的人的自由，其能够将本质内涵全面体现出来，同时更为全面地进行自我表达，而感性自然更像是实现自由的重要媒介，我们也可以将其理解为，马克思对人的自由的现象学的说明，就是马克思对人的自由的现象学的说明，也是马克思所理解的实践。

最后，马克思以自我意识的结构肯定了人的自由的形上的绝对性。马克思认为，整个希腊民族的世界观就是对天体抱着一种宗教的态度。从毕达哥拉斯、柏拉图到亚里士多德，当然也包括德谟克利特，一方面视天体为唯一的、永恒不变的物质性存在，另一方面赋予天体神性，把天体当作决定人福祉的和不可毁灭的存在。于是，天体就被赋予了绝对形上的意义，变成了脱离人而又压制人和人性的本体。哲学家们论证物质世界的存在，实际上是在论证神的存在、神是人的主宰。这种哲学根本没有赋予人的自由以形上的绝对地位，也不可能赋予人的自由以形上的绝对地位。因为在它的深层的意识结构中就消除了存在和定在、形式和质料的矛盾。由于消除了这一矛盾，天体世界被描绘成一种抽象的普遍性，一种脱离了具体现实的存在。天体世界高悬于人之上，人不可能通过自己的力量把握天体世界，只好借助于神。可见，把物质世界本体化恰恰是希腊哲学无论如何都要采取泛神论形式的理论根源。与这种世界观相反，伊壁鸠鲁以自我意识中的存在和定在、形式和质料的矛盾消解了天体形上的绝对性，把天体当作现象世界，证明天体是可以变化的，是多样化的。马克思在论述伊壁鸠鲁的这一观点时，强调了两点：一是伊壁鸠鲁的哲学方法。伊壁鸠鲁

---

①马克思恩格斯全集：第40卷[M].北京：人民出版社，1982：233.

的哲学方法，就是强调自我意识的存在和定在、形式和质料的矛盾，并且不去消解这种矛盾，而是努力使其客观化。而这种矛盾的功能就是摧毁一切抽象的、脱离具体现实的东西，把一切物质的和精神的东西都看作人性的表达，人的自由的实现。伊壁鸠鲁正是因为运用这一方法，才能完成了他的哲学批判。二是人的自由是感性世界的本质，亦是感性世界的形而上学。马克思认为，伊壁鸠鲁探讨感性世界、感性知觉的能动性，强调自我意识的内在矛盾，就是建立人的自由的形而上学，他在用主体性、自由的存在形式解决抽象及非现实性问题，同时人的自由也满足绝对性特征要求。所以，马克思在评价伊壁鸠鲁的哲学时说：伊壁鸠鲁哲学的原理是自我意识的绝对性与自由，虽然只是从部分角度对自我意识的个别性展开了解[①]。在这里，马克思是借评价伊壁鸠鲁的哲学方法和哲学目的，提出他自己的哲学观：只有在哲学中建立人的自由的形而上学，才能彻底根除哲学中的上帝，而要建立人的自由的形而上学，则必须从感性世界分析人的自由，最终展现创造性活动内涵；如果哲学的最高表现形式即是感性人所开展的创造性活动，作为自然以及精神世界的核心原则，绝对性体现则显得更为关键。

　　由于《博士论文》着重研究的是自我意识，我国学术界就把它看作一部黑格尔式的唯心主义的著作，是马克思不成熟的著作。我们认为，对于这样一部气势恢宏的重建形而上学的著作，是不能简单地用唯物主义和唯心主义来评价的，而应该深入到这个新哲学之中，发现其中的具有哲学变革意义的内容。从以上的全部论述中，我们不难看到。马克思《博士论文》所实现的哲学变革，主要针对感性世界、人的自由及自我意识结构展开全面分析，并最终形成了文化方面的形而上学，虽然其未能导致自我意

---

① 马克思恩格斯全集：第40卷[M].北京：人民出版社，1982：241.

识所产生的限制范围，但参照基本原则，依然可以判断马克思哲学的核心发展方向。我们只有透彻地理解这一部分的内容，才能准确地把握他的"实践唯物主义"的概念和原理。

二、《1844年经济学哲学手稿》中马克思的"创造性实践"思想

马克思在《1844年经济学哲学手稿》中从历史和工业发展角度，对人的自由全面发展问题进行研究，且对文化哲学相关思想进行发展和深化。马克思用以表达文化哲学的历史主义原则的主要范畴和命题是围绕着实践、人的生命活动和异化劳动等展开的。下面，我们将逐一分析这些范畴和命题。

（一）自由的有意识的活动是人的类特性①

这一观点反映出马克思从实践角度对人进行定义。这种类特性具体表示为"一个种的类特性"②。根据他的观点，生命活动性质决定了种的整体类特性，这种类特性的研究为分析人的文化本性打下了良好的基础。由此也可判断出，在对人的文化本性进行分析时，应该从整体性角度进行，这样才可以更全面地把握。

马克思在此基础上认为人的整体性质也就是"有意识的活动"③。这种活动的含义如下：一是"人在进行生产过程中，会充分地发挥主观能动性并进行有意识的活动"④，只有在有意识的支配下，各种生命活动的开

---

①[德]马克思.1844年经济学哲学手稿[M].北京：人民出版社，2000：57.
②[德]马克思.1844年经济学哲学手稿[M].北京：人民出版社，2000：57.
③[德]马克思.1844年经济学哲学手稿[M].北京：人民出版社，2000：57.
④[德]马克思.1844年经济学哲学手稿[M].北京：人民出版社，2000：57.

展才成为可能。在这一过程中，也完成了精神上二重化，这种二重化可以从两个方面进行解读，分别是生命的意识和生命本身。只有进行有意识的活动，人才拥有个体文化创造的能力。在该领域中一些学者已做了深入的研究，比如卡西尔在《人论》著作中也展开了相关论述，并认为这可基于分离和抽象能力体现出。根据他的观点："人类具有动物没有的特殊类型的关系思维，人在长期的历史和社会活动中，已经形成可分离各种关系的能力——可据此对一些抽象的关系进行深入分析。为把握相应的抽象能力，就需要摆脱感官材料的约束和制约，而对与此相关的抽象关系进行分析。如柏拉图所说，就其本身来考察它。"[①]根据以上的论述分析可知，人创造符号需要满足一定的条件，也就是人抽象思维的能力。在这种能力基础上，人才可以创造文化，表现出一定文化独特性，可以依据这种特性对人和动物进行区分。由此分析可知马克思在区分人和动物的活动时，主要是依据"使自己生命活动成为意志的对象"，也就是人类的活动有一定创造性，而人天然具有这种能力。二是"人在实践活动中改造自然，且体现出自身意识的独特性"[②]。马克思认为，人的各种类型创造活动，从本质上看为一种对象化的活动。且这种活动并不等同于人化，而是在活动过程中使得人与对象分离开，因而这种活动有一定抽象性。

他认为："人通过活动而在精神上使自己二重化，且可基于一定的模式使得人和对象分离。"[③]同时马克思还认为，生命活动的特性具体表现为"在意识中使自己二重化"。而深层次看这种特性则表现为"能动地使自己二重化"。人可现实地二重化，而从这一角度出发，可将以下两种关系区分开来：首先是人与自然的关系；其次就是人与超自然的关系。马克

①[德]卡西尔.人论[M].甘阳，译.上海：上海译文出版社，1985：49.

②[德]马克思.1844年经济学哲学手稿[M].北京：人民出版社，2000：57.

③[德]马克思.1844年经济学哲学手稿[M].北京：人民出版社，2000：58.

思还做了更为深入的研究，并总结如下：和生命本能无关的生产，具有一定意识属性，可按照美的规律来构造自然界原本不存在的对象①。此种能力也就是人的自由活动，可据此对人的本质进行反映和描述。

根据以上论述可知，马克思在对人的生命本质进行研究时，主要从自我意识和创造活动角度进行，且认为这种本质可基于人的抽象能力体现出。而从意识层面分析可知，这可以从生命活动的能动性方面进行描述。异化借以实现的途径表现为一种实践②，同时消灭异化也同样要走实践这条路。

而在对人特性研究时，从分离和抽象能力方面分析，也体现出一定异化劳动属性。从高一层次分析可知，分离和抽象等同于异化劳动，二者同质异表，差异表现出为使用的范围。前者主要是从静态方面对人的生命活动特性进行反映，而后者则从动态方面体现出，因而二者都存在密切关系。异化劳动概念的提出，主要目的就是对人的生命活动的特性从历史角度进行分析，其可看作人的生命活动的特殊表现形式。

根据马克思的观点，异化劳动属于一种特殊的生产，在这种生产基础上，形成人与自然以及和自身的异己相对关系。在对这种关系进行分析时，马克思从如下方面深入论述：首先，人同自然世界相异化，即人在不断的发展中，会与自然界产生某种形式的异化；除此之外就是人同生命活动相异化，从形式方面看，这种异化表现为自我异化；除了以上两点外，还存在人同人相异化。由此可知，马克思较为全面地、客观地阐述了人生命活动的不同属性，这一思想一直被沿用至今。而这些异化都是通过人的生命活动体现出。对比分析可知以上的论述和马克思《博士论文》中的认识相吻合。从上面的解读中，我们已经看到，马克思关

①[德]马克思.1844年经济学哲学手稿[M].北京：人民出版社，2000：58.

②[德]马克思.1844年经济学哲学手稿[M].北京：人民出版社，2000：60.

于自我意识的一个基本观点，就是强调人的自由主要是基于这种分离实现的，在其实现过程中最主要的一个环节就是人的关系分离。而人的个体性也可看作为此手稿中论述的人的类本质，而这种关系的分离则对应于两种异化形式。

通过分析马克思主义哲学发现，马克思是通过辩证的哲学思维来进行人对自然界、人对自身关系的分离。而这就是前两种异化最直接的体现。马克思采用理论联系实际的方式展开此方面的研究，并强调后两种异化是前两种异化的结果，由此构建出相应的理论体系。然而，如果从人的类特性出发，并结合人类发展这一客观规律，我们就会得出相反的结论。换言之，前两种异化最终会归根于后两种异化，即前两种异化是因，后两种异化是果，前者可通过特定的形式来体现后者。而这就是马克思主义的理论精髓，也是本文所要重点探讨的课题。马克思正是根据这一思想，才实现了对异化劳动的深入解读，同时也将私有制作为人发展史中的一个环节。

基于上述分析不难得出，马克思的异化劳动理论具有深刻的内涵，需要从两个方面进行解读：首先，人的文化创造是一个长期的过程，从本质上来讲，也是人与自然、人与自身分离的过程，这一过程是抽象的，从某种角度上来讲，这就是人的自我创造的过程，在人不断自我完善的情况下，积累了众多的文化。而异化劳动在人类进步中起着非常关键的作用，与文化创造之间有着密切的联系。这种创造方式体现了文化的意义，如果从更深层次的角度上讲，异化劳动也属于文化创造的范畴，具体来说，前者也是后者的证明。

其二，社会关系系统是人的文化创造的基础。众所周知，人具有社会性，通常人不会孤立地存在，不能直接地面对自然界，人在生活生产中必然会与自然界产生联系，即人是自然界的一部分，同时又会反作用于自然界。社会关系是人进行文化创造的基础，人们在生产中不断进行文化创造并形成了文明。这一思想维柯也曾经提出过。然而，维柯将这种关系上升到了国家的高度，即指民政制度，而马克思认为，社会关系又可以从不同的角度来进行解读：首先人是社会性动物，在其进行实践的过程中会形成人与人之间的关系，即人与人之间将不可避免地产生某种关联，而这是社会关系的一部分；除了以上关系外，还包括人们的生产行为之间的关系；有人与他的生产产品之间的关系；人在生产过程中还会与其他社会属性产生联系，这也是社会关系的一部分；人在生活中会与他人产生联系，比如与亲人或与友人产生的联系都属于社会关系的内容。从整体上看，这些关系相互交错，它们之间相互渗透并互相影响。马克思指出，人们在不断进行文化创造的过程中，这些关系都是在异化劳动中被创造出来的，因此它们具有多样性且是相互的，通过异化劳动，生产出了各种关系，比如出现了他对作为异己的生产对象和行为的关系，这种关系往往是复杂的、且会随着时间的变化发生变化。异化劳动创造出社会关系系统，这种情况下，人会与其自身以及与自然相分离，此时，这些要素之间的关系便成为抽象的关系，并且这种关系会反作用于人以及自然，而社会关系系统也就成为各种因素相互衔接的桥梁或者说中介。这个中介系统的发展，从本质上来说，等同于人的文化创造的发展，从某种角度来说，也等同于实践的发展，故而马克思辩证地认为，"异化借以实现的手段本身就是实践的"①。由此可以看出，在人发挥主观能动性的过程中，中介系统扮演着关键性角色，并揭示出人是中介性的存在，结合"异化劳动"这一理论，可以看出人在不断进步，社会不断发展的过程中，社会关系将一直持续地存在并作用于人和社

---

① [德]马克思.1844年经济学哲学手稿[M].北京：人民出版社，2000：60.

会，把社会关系植于一个动态的系统中加以理解，就可以得出一系列的哲学理论成果。

历史是人的真正的自然史。马克思认为，世间万物均有其自身的发展史，人也是如此，但人在历史的发展中拥有了一种主观能动性，正是这种主观能动性使得人去理解历史，理解历史中的自然，以及历史中的人。马克思指出与万物一样，人也有历史，并且人是历史的创造者，历史影响着人类。

（二）人是怎样创造出自己的历史的呢

从纵向上看，人是历史的创造者和牵引者，在此期间，会存在自然的人向社会的人的转化，可以看到，在进行这种转化时异化劳动起了重要作用。基于这一理论，马克思做了更为深入的阐述，他指出，异化劳动人是非常普遍的存在，因此它是一种客体存在。马克思指出，人在不断发展和自我修正的过程中，逐渐成为异化的人，当历史发展到一定阶段后，人的感性形式就变成了私有制。此种情况下，共产主义的优越性就体现得淋漓尽致，可以说，它是社会的人的感性形式的具体体现，因此相对来说，这是一种比较高级的意识形态。在这种高级的社会形态之下，马克思还做出了如下解读：人在劳动和实践过程中，通常会与其他的人产生关联，故而社会性是人的普遍性质，然而，这种普遍性之下也存在着特殊性。此种情况下，应当将社会与个体结合起来进行探讨，同时将这种特殊性看作一种个性化的存在，它与其他关系一样通常推动着社会的进步。私有制否定了人的个性，因此这种制度存在着较大的局限性；这种情况下，人就很难充分发挥主观能动性；而共产主义对私有制扬弃，并且认为只有人在自由的状态下才能充分展开实践，这时人的主观能动性可以得到最大程度的发挥，而个体和社会也存在着千丝万缕的联系，可以说，它们是一种共生的关系。马克思认为,个体具有独立的意识,其一旦获得了社会性,也就相当于人可在广阔的空间内发展自我并实现自我价值。共产主义就是以个体的存在为其基础的,而这也是共产主义的精髓,这就可以解释为何它会成为最高级的社会形态。

从微观的自由个体的形成看,在不同的时代背景下,人所持有的意识也不同,也可以说,人类文化的不同形式对社会人起着关键性作用,而在进行这一方面的研究时,需要引入工业和自然科学。工业是人充分发挥主观能动性的结果,其反映的是人的能动作用,自然科学通过工业来影响人类,其在人的解放过程中扮演着非常重要的角色。马克思认为,从工业和自然科学的角度来阐述,即"自然界的人的本质"①,马克思从新的角度来阐述和分析人的自然史,在此基础上,进一步提出了相应的理论,即"自然界生成为人"②的历史。但是可以看到,人的自然史是一个漫长的过程,是人们不断发挥能动性的结果,其与万物的历史存在着显著的区别,即人的自然史是历史的感性形式,人创造了历史但是又受到历史的影响;其次是宗教、艺术等文化形式。以上文化形式是人类不断发挥能动作用的结果。可以说,音乐的美感只对有音乐感的人才有美感。生物的美感只有物理学家才能感知,而无论是音乐家还是物理学家,它们都是接受过文化的洗礼才能拥有欣赏美的能力。故而,从马克思的理论视角出发,我们可以说,只有受过文化的熏陶,人类才能发现美、创造美。

需要指出的是,不同的文化背景下,人类也会存在着不同的意识形态,马克思的理论中,可以看到其主要是从工业和自然科学来解释社会人的形成。他指出,仅把宗教、政治、艺术等作为人本质力量的体现是非常片面的。也应当看到,在人类的发展以及社会进步的过程中,因为有了工

---

①[德]马克思.1844年经济学哲学手稿[M].北京:人民出版社,2014:89.

②[德]马克思.1844年经济学哲学手稿[M].北京:人民出版社,2014:89.

业活动、自然科学，人的本质力量才能真正实现，同时才能很好地突出人的本质。马克思还强调，人的研究应该到工业和自然科学中来寻求真理，否则人的研究永远是片面的、不理想的。故而，他强调："整个所谓世界历史不外是人通过人的劳动而诞生的过程，是自然界对人类说的生成过程，所以关于它通过自身而诞生、关于他的形成过程，他有直观的、无可辩驳的证明。"①另外，与马克思强调哲学改造世界的思想相一致，政治也在马克思哲学中占有重要地位。葛兰西、法兰克福学派等哲学家就充分发扬了马克思主义思想，并构建起相应的理论体系。我们认为，强调工业、自然科学对于人的本质的创造和实现的意义和强调政治的文化批判功能，就是马克思的文化哲学特殊性的具体体现。

马克思以历史分析人的形成，为人类研究"人"提供了新的思路，同时也具有实践指导意义，它既是马克思主义的文化哲学理论，同时也是一种创新性的研究方法。

三、《民族学笔记》中马克思的"创造性实践"思想

19世纪下半叶，有两个因素对马克思的哲学研究产生了决定性的影响：一是现代化运动由西方拓展到东方，这使得马克思主义思想在全球遍地开花。这就要求人们打破西方社会的局限性，不断结合本国的实际情况来进行研究。二是民族学研究的兴起。民族学指出，在不同的民族文化背景下，人们的意识形态也具有较大差异。它的兴起极大地冲击了西方达尔文主义式的民族学理解。它汲取西方哲学思想中先进的部分同时也充分结合本国实际，进一步分析与思考处于差异性发展阶段的东方社会，后者为马克思研究文化发展规律提供了直接的思想资料。我们解

---

①[德]马克思.1844年经济学哲学手稿[M].北京：人民出版社，2014：89.

读马克思的民族学研究成就，旨在通过考察马克思的东方社会理论，揭示马克思关于文化发展规律的思想，这让马克思哲学得到了较大程度的拓宽。

马克思的东方社会理论本质上是研究东方社会的现代化，进而研究世界历史发展规律的理论。那么什么是现代化？马克思是怎样研究现代化的？这是我们反思马克思东方社会理论的前提性问题。

西方非马克思主义学者一直秉持一种片面的观点，即把现代化理解为工业化。很多西方学者认为，工业化可以很好地反映现代化，这种观点显然有着较大的局限性，与此不同，马克思以历史进程来揭示现代为资本主义化的过程，以资本主义的性格和历史进程来揭示现代化运动，从而构成了马克思谈论现代化的独特话语系统。

以工业化为现代化特征和以资本主义的性格和历史进程来说明现代化是两种完全不同的思路：以工业化为现代化特征，坚持的是理性进步观；而以资本主义的性格和历史进程来说明现代化，坚持的是文化的进步观。

资本主义是一个复杂的历史现象。就资本主义本身而言，资本主义充满了矛盾：首先，资本主义是从封建社会过渡而来的，它的形成和发展充满了与封建社会的矛盾；其次，资本主义内部的生产社会化和生产资料的私人占有之间的矛盾又产生出资产阶级与无产阶级的矛盾，决定着资本主义灭亡的历史必然性。就世界历史的发展而言，资本主义在走出它的发源地西欧，把它所创造的世界性的生产方式推向全球时，也把它的矛盾扩展到西欧以外的不同民族。于是，在它的自身矛盾的基础上，又产生了西方文化与东方文化的矛盾。资本主义矛盾与民族文化矛盾交织在一起，构成了十分复杂的世界格局。从现代化的历史进程看，西方的现代化先于东方，东方是在西方资本主义文化的冲击下走上现代化道路的。因此，西方的现代化显示了东方社会的未来。但是，从东方民族的发展看，现代化不只是一种生产方式，还包括西方的文化传统。东方民族要接受现代化的生产方式，就必须同时接受西方的文化传统。那么，东方民族如何看待和接受西方文化传统，它们应该接受西方文化传统的哪些东西呢？这就提出了现代化进程中的民族文化碰撞与交融的问题。这个问题在客观上形成了现代化与民族化的冲突，在主观上形成了不同现代化理念的冲突，于是，也就有了"西欧中心论"和现代化多元化之争。"西欧中心论"者否定现代化中的民族文化因素，要求把西欧的现代化作为现代化的唯一尺度，现代化多元化论者承认东方民族文化的价值，承认东方民族现代化的独特性。

马克思概括了资本主义的历史进程，提出现代化包括两个层面的问题，一个是社会形态的更替问题，一个是民族文化的发展问题。所谓社会形态更替，就是通过工业化的道路，从封建社会过渡到资本主义社会和社会主义社会。这是任何民族的现代化都必须遵循的道路，体现着现代化的客观历史必然性。这一点对东方民族也不例外。所谓民族文化发展的问题，就是不同民族的文化价值选择问题。任何民族都可以根据本民族文化发展的需要选择现代化的不同道路和不同方式。西欧也只是现代化的一种特殊方式，东方民族的现代化晚于西方，却比西方有更大的选择性，因为它可以根据本民族文化发展的需要，并通过某种特定的形式来解决自身的现代化问题。可见，由于民族文化传统的特殊性、历史条件的差别，现代化必然呈现出多元化的格局。马克思正是在这两个层面的结合上，思考现代化问题，从而形成了马克思考察现代化的独特思路。

四、马克思文化哲学思想中的创造活动理论原则

按照马克思的说法，包括"人对自然的能动关系，是人在不断地生产实践中产生的，因此它能够在较大程度上反映人类的世界观、价值观"，也就是说，"人的文化创造性活动"存在于人改变自然的过程、人的日常

生活、人们的生产活动之中。由于这种能动性能够反作用于生活实践，因此马克思将其称为"人的感性的创造性活动"，它强调的是人的主观能动性，同时马克思还将这一理论用于说明人类史，在此基础上，进一步提出"实践唯物主义"。基于以上的论述不难得出，这种"实践唯物主义"与维柯的"诗性智慧"存在着相通之处，但是从本质上看，两者又存在一定的差异性。

本书认为，马克思叙述人的创造性活动的原则主要体现在马克思《关于费尔巴哈的提纲》中的第一、三、八条中。马克思《关于费尔巴哈的提纲》第一条是马克思对人的创造性活动所做的哲学本体论的规定。马克思不同意费尔巴哈哲学中的"本体"论，同时，对黑格尔提出的本体论也持批判态度，其认为，"实践"才能出真知，才能将人们的智慧转化为生产力，因此提出要把实践作为哲学的本体。马克思主张，人在生活生产过程中，"实践"高于一切，并将其与人的创造性活动具有同等的意义。马克思始终强调"实践"是人类创造性的具体体现，这是因为：首先，人在改造自然、作用于自然的过程中，通常会进行感性的创造性活动。因此他将这种活动与实践关联起来，并将二者上升到同等的高度，强调人的创造性活动是人的感性的现实的存在，无论是在过去还是在现在，人的创造性、能动性均因为存在感性而作用于自然和社会。其次，马克思还主张，由于创造性是在人们发挥能动性的过程中出现的，因此可将前者看作"对象性的活动"。另外，由于其存在着一定的"批判性和创新性"，因此又可将其看作"革命的""实践批判的"活动。这从不同的角度对创造性活动进行了界定，由此可知感性的活动是真实的，可以通过人发挥能动性实现，是现实的物质的改造活动。

马克思在《关于费尔巴哈的提纲》中指出："关于环境和教育起改变作用的唯物主义学说忘记了：环境是由人来改变的，而教育者本人一定是受教育的……环境的改变和人的活动或自我改变的一致，只能被看做是并合理地理解为革命的实践。"①环境的改变和人的自我改变均是以发挥主观能动性为基本前提，所不同的是，前者体现了实践的外在性；而后者体现了内在性，而这两种特性可以在较大程度上反映创造性活动的外在结构和内在结构。在此基础上，马克思还进一步指出，外在结构决定了人的创造性活动对自然环境所起的作用，而内在结构决定了人的创造性活动是对于人本身所起的作用，在不断进行创造性活动的过程中，人类、自然才能不断向前推进。这是马克思考察人类历史的基本出发点，这种观点受到了很多学者的一致认可。

在马克思的理论视域中，环境与人之间的关系是丰富的，通过考察人看待自然、影响自然以及利用自然的方式方法，这一人与自然互动过程，就可以清晰看出到人社会生活的映射。他在阅读了费尔巴哈的理论后指出，"全部社会生活"涵盖的内容是非常宽泛的，比如人的衣食住行的生活方式、生产方式，同时该包含有一切的人们正在进行或已经进行的具有意识形态的创造活动②。按照马克思的这一理论，就是将人的创造性活动植根于人的全部社会生活中。由此也可以看出，马克思从不同的角度对创造性活动进行了全方位的解读，并由此给人类以启迪。

基于以上的论述可知，马克思对"实践"进行了哲学的阐发，同时还以不同的角度对"实践""创造性活动"进行解读，在此基础上，进一步构建起"实践唯物主义"。在前文的论述中，他主要是对"实践"进行深入的解读并由此提出相应的"实践唯物主义"哲学性质，这非常值得人们深思。从某种角度上来讲，马克思的"实践唯物主义"是对维柯文化哲学的继承和弘扬，也是后者中非常重要的部分，并以此来研究批判资本主

①马克思恩格斯选集：第1卷[M].北京：人民出版社，2012：134.
②马克思恩格斯选集：第1卷[M].北京：人民出版社，1995：56.

义，可以说这种具有先进性的思想是对维柯的哲学思想的再创造。换言之，这种思想是文化哲学的一个范畴，是对维柯的文化哲学思想的再创造，把人的创造性活动扩展到人的生活中，这种情况下，马克思哲学观也更加具有创造性和先进性，在对其思想进行解读的过程中，人们可以着重于意识形态的文化批判，从而不断推动人类向前行进。

第三节 马克思主义文化哲学"创造性实践" 思想的延宕

一、拉布里奥拉：历史唯物主义中的"创造性实践"

在哲学领域，"创造性实践"一直是人们的研究焦点。19世纪，就有学者对这一概念进行了阐述，其中安东尼奥·拉布里奥拉是该学说的代表人物。他是意大利的杰出哲学家。在少年时期，该学者就开始接触哲学并在这一时期接触了维柯的历史哲学。在此之后，他在前人的研究基础上展开进一步的分析，尤其对马克思主义哲学的创造进行了更为深入的论述，在19世纪，他在哲学领域取得了一系列显赫的成就，也因此成为"实践唯物主义"的思想家。他对马克思主义哲学进行了阐述，并且发扬了马克思主义哲学精神，并认为马克思主义哲学从本质上来说就是"实践哲学"，这在当时引起了人们的广泛重视。

拉布里奥拉接受维柯的思想并对这一思想进行了继承和弘扬。维柯关于历史是由人自己创造的思想，以及其他的哲学理论比如"人为环境的思想""历史规律"思想等，均对拉布里奥拉产生了深远影响。正是有了前人的唯物主义哲学精神，拉布里奥拉才有所成就并在哲学领域做出了重要贡献。拉布里奥拉把维柯为理解和发展马克思主义唯物史观的重要思想来源，在此基础上，进一步确定了马克思主义唯物史观的基本思想："人类的发展具有一定的随机性，而人类在发展过程中，会存在众多的影响因素使得人类无法朝着既定的方向前行。人类创造了历史，而在这一过程中，人类也在对自然对社会起到能动的作用，并通过自己的劳动创造一种人为的环境，在这种创造中，人类不断进行自我完善和自我改革，并由此获得一系列的成就。我们只有一种历史，它反映了人类的生产、创造过程，同时也是人们智慧的积淀。"①基于以上的论述可知，拉布里奥拉已经对马克思哲学有了更深刻的解读，并能将其与维柯思想区别开来。首先，他认为马克思主义强调的是人在生产中的创造性，从某种角度上来讲，这与维柯思想具有相通之处；其次，他强调马克思主义哲学的基础是劳动，并对唯心主义进行了批判，故而他认为马克思主义唯物史观强调了劳动的重要性，人类历史的进步，环境的改变等均是通过劳动来完成。

拉布里奥拉从对马克思哲学定义为"实践哲学"，并由此提出并阐发了马克思主义有机历史观：首先，人类历史是人自己创造的，是人们充分发挥主观能动性的结果。该理论与自然主义历史观和社会达尔文主义理论有着一定的区别。后面两种理论主要是将人类历史看作自然进化的产物，也就是说，人类历史是自然发挥作用的结果。拉布里奥拉认为，人类历史并不是自然作用的结果。他还认为，在自然界中包含了人类环境，而人类环境会受到人类活动的影响，因此自然界也会受到人类活动的影响，如果将人类历史看作是自然进化的产物，那么就是"归根结底没有任何明确意义的思想"②。另外，人类在不断的生产实践中，

---

①[意]安·拉布里奥拉.关于历史唯物主义[M].杨启潾，等，译.北京：人民出版社，1984：42-43.

②[意]安·拉布里奥拉.关于历史唯物主义[M].杨启潾，等，译.北京：人民出版社，1984：67.

始终进行着创造性活动，可以说，这不是单纯的生存斗争，因此在进行哲学分析时，必须将马克思主义与达尔文主义历史观区分开来。他还指出，人在开展生产活动的过程中，会不可避免地与环境融合，而这种融合都是人创造的。人的生存环境是人充分发挥能动性时形成的环境，"历史科学主要强调了这种人为的环境、它的起源，并指明这种环境在人类进步过程中所起的作用"。①而人的活动是一种创造性的同时具有一定目的性的活动，在劳动过程中，我们获得了所需的各种物质，人的想象、意识、理性等又是人类精神文明不断积淀的源泉，它们都标志着人的本质的发展。我们认为，拉布里奥拉把文化的进步作为人的活动的目的，换言之，就是人类发挥主观能动性，是以推动文化进步作为目标，亦即人的本质。故而从某种角度上讲，他是以对人的活动的文化规定以对不同的哲学理论进行区分。另外，面对经验世界，拉布里奥拉也把历史作为经验世界来看待。拉布里奥拉认为唯心主义具有片面之处，同时指出这种思想以抽象的理性规定历史的发展，同时进一步指出，历史是人们充分发挥主观能动性的结果，是人类反作用于自然的产物。他强调："在历史进程中所发生的一切均与人的能动性有关……人类开展各种各样的活动，经过漫长时间的沉淀，就成为了一种人类历史。"②人类历史是一种经验的存在，因此人在生活生产中的各种活动就离不开传统，同时这些活动也会受到人类文明的影响。基于这样的观点，拉布里奥拉就把人类的历史与人类的文明史相关联，也就是说，人类历史是漫长时间积累、沉淀的过程，在这一过程中，人们从传统中走向开放，同

---

①[意]安·拉布里奥拉.关于历史唯物主义[M].杨启潾，等，译.北京：人民出版社，1984：66.

②[意]安·拉布里奥拉.关于历史唯物主义[M].杨启潾，等，译.北京：人民出版社，1984：69.

时，在历史的长河中，形成了不同的文化，且这些文化可能会交织和碰撞。拉布里奥拉对前人的相关研究进行了总结，并由此肯定了历史分化的必然性和合理性，同时又指出在历史的长河中，存在不同民族创造力的同一性。以上理论都是对马克思主义唯物史观的继承和发展。在19世纪，拉布里奥拉在哲学领域获得了一系列的成就，并提出历史发展的民族性和同一性，这在当时引起了很多哲学家的思考。这些理论是拉布里奥拉对马克思主义唯物史观的弘扬，其强调了人的创造性在历史发展中的重要性。

二、葛兰西："绝对历史主义"思想中的"创造性实践"

葛兰西是拉布里奥拉的继承人，并且对"实践哲学"进行了更深入的论述，以此为基础，他进一步弘扬了马克思的"实践唯物主义"。这是他们阅读维柯的共同点。但是，由于他们创造哲学的时代不同，哲学知识结构不同，葛兰西又以完全不同于拉布里奥拉哲学的眼光阅读维柯。在他眼里，维柯哲学不是历史规律的学说，而是历史主义的形而上学。不仅如此，他还从这一角度来理解马克思的实践哲学。他甚至从对维柯至意大利现代文化价值的重新估价上理解马克思主义哲学革新的意义。由此，葛兰西从来不把自己的研究领域局限于历史唯物主义，而是扩展到人们的日常生活中，因此，他的研究属于一种形上说明，并主要围绕"人的创造性活动"和"历史主义"展开论述，他在哲学领域的贡献在于从新的视角建立了一种意识形态的批判哲学，这使得后来的人们能够更好地理解马克思主义哲学。可以说，正是由于对维柯采取了不同的阅读方式，才使葛兰西既继承了拉布里奥拉的哲学传统，同时又将马克思哲学充分发扬光大。

理解葛兰西对维柯的阅读，不能不重视克罗齐哲学对葛兰西的影响。克罗齐哲学思想来源广博，拉布里奥拉、金蒂利、维柯、马克思、黑格尔、康德，都先后对他的哲学形成产生了重要的影响。克罗齐批判地吸收了这些哲学家的思想，创造了他的历史主义形而上学，卓然成一家之言。概括地说，克罗齐的历史主义形而上学具有以下特点：（1）强调行动、实践的重要意义，以行动、实践为历史的重要内容；（2）把拉布里奥拉作为方法的历史主义上升为形而上学；（3）强调人的精神、意识形态的重要性，然后在此基础上做进一步的解读；（4）历史主义形而上学是超越历史本身的精神世界。这一铁定又使他的历史主义形而上学具有黑格尔式的抽象思辨的色彩。克罗齐哲学是葛兰西哲学创造的重要阶段。后者于上世纪20年代充分解读了克罗齐的哲学，但是一直以来，葛兰西也没有对它做全盘否定，只是批判了它的历史主义形而上学的思辨唯心主义，以政治改造活动重新阐发历史主义的形而上学。但是，克罗齐对历史采取的形而上学的态度，却对葛兰西产生了持续终身的影响，决定了他哲学创造的一个重要特点，即从不同的角度来对各哲学家进行评判，并由此获得了一系列的成就。同时他从新世界观创造的意义上，提出了一系列相关问题。由于葛兰西一直深耕于哲学领域，因此在很多问题上总能发表独特的见解，也因此他的理论具有变革性和独创性。在此之前，人们将拉布里奥拉的学说当作19世纪的唯物主义学说，而有些学者甚至将其解读为经济唯物主义学说，总体来说，这些观点都是比较片面的。在后来，葛兰西对拉布里奥拉的学说作了引申，并在总结前人研究经验的基础上提出了相应的理论，而他们的研究反映的是历史[①]。因此通过分析已有的研究理论可知，葛兰西与拉布里奥拉的哲学思想会产生碰撞[②]。二人的哲学存在类似之处，葛兰西也对其他的学者的理论做了详细的解读，并由此展开相应的论述。在文艺复兴时期，葛兰西也在哲学上做了深入的研究，批判把"文

---

①[意]葛兰西.狱中札记（英文）[M].劳伦斯和维沙特出版社，1971：390.

②[意]葛兰西.狱中札记（英文）[M].劳伦斯和维沙特出版社，1971：390.

艺复兴称之为人的发现"的观点，并指出由于人的因素、历史的积淀，才出现了"文艺复兴"。葛兰西把对拉布里奥拉的历史主义方法的形上阅读、维柯认识论命题的形上阅读和文艺复兴文化的形上阅读融为一体，重新阐发了马克思主义实践哲学的性质。他提出："实践"是人们发挥能动性的过程，是人类作用于自然的过程，文艺复兴和宗教改革以及其他形式的文化革命，均是人们开展实践所沉淀下来的产物，因此实践属于人类文明的一部分。从某种角度上来说，实践哲学就是道德的改革运动的完成，它让大众文化以高级的形式表现出来，同时让高级文化以通俗的形式表现出来，因此这两种文化之间产生了关联①。既然文艺复兴是新文化形式的产生，在这种新文化背景下，出现了马克思主义哲学，由此可以得出一个结论，就是实践哲学是文化中的一个"要素"。②因此可以将葛兰西的思想归结为：从不同的角度展开意识形态的文化批判。这是马克思哲学发展的一次重大的哲学主题的转向。在这一过程中，还需要进一步将葛兰西返回到哲学的本体论问题，然后再结合前人的研究成果，构建起具有文化批判性质的理论框架。此处，我们可以发现葛兰西阅读维柯哲学的特点：

（1）以马克思的实践哲学为阅读维柯哲学的主导思想。在这方面，拉布里奥拉是葛兰西哲学的真正起点，尽管葛兰西后来超越了拉布里奥拉。（2）从文化批判和文化本体的建构上发掘维柯的文化哲学思想。（3）结合文艺复兴的新文化运动阅读维柯的文化哲学。由于这三个特点，马克思主义哲学自葛兰西已经基本实现了转向，具体来说，就是从历史唯物主义进入了哲学本体论的研究，这在哲学领域无疑是一次重要的突破。而就对马克思哲学的维柯阅读来说，我们认为，葛兰西比拉布里奥拉更接近维柯的哲学传统。

---

①[意]葛兰西.狱中札记（英文）[M].劳伦斯和维沙特出版社，1971：395.

②[意]葛兰西.狱中札记（英文）[M].劳伦斯和维沙特出版社，1971：388.

　　葛兰西通过阅读维柯，重新确立了马克思主义实践哲学的主题，是对马克思主义哲学的一次重大创新。哲学要开展对人的日常生活和道德文化的内容，在过去的很长一段时间里，人们把哲学看作职业哲学家所具有的特殊思想。葛兰西则给出了不同的解读，指出具有意义的哲学应该是一种文化批判活动，并就此作出了一系列的说明。他认为，要消除以往人们对哲学的偏见，先要拓宽研究主体，即"凡是有思想的并能够独立思考的人，均可以成为哲学家"。葛兰西提出这一论点是建立在对世界观的规定之上的。葛兰西认为，哲学是世界观，世界观可以通过两个层面来体现出来，有意识地批判的世界观，即人们通过独立的思考后得出的观点。第一个层面的世界观与常识相联系，人们在进行思考时，通常是基于常识来产生某种观念，即这种观念具有一定的时代性，又是积淀在大众意识中的先前的哲学，也就是说，它是基于历史而形成的一种思想；第二个层面的世界观与思想的创造存在着密切的相关性，其强调的是这种世界观满足批判性、系统性、一贯性等要求。而这几种特性往往是一致的，是基于先前哲学的基础上形成的，但是从某种角度上讲，它又是没有条理的世界观系统化、条理化，并由此将常识上升到哲学的高度①。总的来说，这种世界观是思想的独创，它通常会受到历史以及文明的影响，同时充满了历史的内容，它在一定程度上反映着历史。葛兰西对哲学史与哲学、文化史与文化进行了论述并建立起相应的理论体系：哲学不能同哲学史相分离，前者的不断积累构成了后者；同样的，文化也离不开文化史，后者是前者不断沉淀的结果。人如果没有关于世界观的历史的意识，未能在人类发展中对这种发展进行思考，没有关于一种世界观的意识，则无法成为一个合格的哲学家。只有满足以上条件，人才能在哲学领域的研究上具有"独创性"

---

①[意]葛兰西.狱中札记（英文）[M].劳伦斯和维沙特出版社，1971：324.

并且有所成就①。葛兰西提出人人都是哲学家，这也说明生活中处处有哲学。故而，他强调这种哲学包含在语言本身、常识中，只要是独立的个体、有意识的个体，都能成为哲学家。另外，他也承认世界观在第二个层面上的哲学意义，指出从这一层面看，只有进行创造性的思考，人才能成为合格的哲学家，他还指出，哲学是思想创造与文化创造的统一，故而，这种思想具有一定的相通之处，它绝不是某个哲学家的个人发现，而是漫长时间积累的结果，人们可以将这种思想或观点传播到人民大众中去，因此，哲学可以影响到大众，进而影响人的创造性活动。由此，葛兰西确定了人人都是哲学家，在此基础上，进一步确定出世界观的科学内涵，在这种情况下，哲学领域的研究主题也发生了变化，这种解读充分体现了葛兰西的哲学创新性。

葛兰西对"实践哲学"做了定位，然后展开了相应的研究。从这一角度出发，意味着这种哲学是批判的，然而它又与第一个层面有着千丝万缕的联系，具体来说，其是基于第一个层面的世界观来展开探讨的，并由此将两个层面紧密联系起来，由此形成批判的世界观。他认为："实践哲学应当是通俗易懂的，即大众都可以掌握，且必须是对常识的批判，因此这种批判是建立在常识上的，每个具有独立思考能力的人都是哲学家，这就很好地体现出'实践哲学'不是以自然科学为中心，而是以人的主观能动性为出发点，进而使这种活动成为'批判的'活动。"②由此可以看出，马克思主义哲学围绕的不是自然，而是以人的文化为中心；故而也可以将这种哲学看成是建立在常识上的具有批判精神的科学。葛兰西则给出了类似的定义，即这是一种哲学理论的创造活动，它能够对其他的观点进行批判。

---

①[意]葛兰西.狱中札记（英文）[M].劳伦斯和维沙特出版社，1971：324.

②[意]葛兰西.狱中札记（英文）[M].劳伦斯和维沙特出版社，1971：330-331.

我们可将葛兰西的实践哲学划分为不同的部分：首先是采用特定的方式对实践进行的哲学本体论问题的研究；其次就是采用理论联系实际的方式对实践进行的政治哲学的研究，而在这一部分中，涉及一些其他学科，比如政治、有机知识、分子理论等。这两个部分是有机的整体，具体来说就是，前一部分的内容是基础，它向人们展示了什么是葛兰西哲学；后一部分的内容是基于前一部分构建起来的，它是对前者的具体展开和深化。在本次研究中，只阐述本体意义的说明，以更好地使人们了解到葛兰西哲学的深层内涵。葛兰西指出，实践从某种角度上来说，就是人的创造。葛兰西对创造性哲学展开了深入的研究，并认为：在对哲学进行批判的过程中，要避免机械论的观点，因此应当从历史主义的角度出发对哲学进行深层次的思考；并且把"意志"最终等同于实践活动，这样才能保证思考的准确性。[①]论述实践哲学的历史性时，也指出：在对这种哲学进行思考时，应当坚持一种"历史主义"的方式，也就是说，从自身的角度出发来思考相关的问题，这不仅存在于实践哲学的整个体系中，同时也是一种具体的实践方式。[②]基于以上的论述不难得出，葛兰西主要是从两个角度对"本体论"进行了解读；而在之后的研究中，同样从"创造性活动""历史主义"展开分析，并得出相应的结论：人在生活生产中，不断地进行创造性活动，然后就形成了具有特定规律的历史。他又对这两个因素做了进一步的阐释：人的创造性活动是以人的意志为前提的，它能够作用于自然和环境；历史主义是对人的创造性活动的规定。葛兰西又从不同的角度对"历史主义"进行了阐述：（1）历史主义是人们在长期的生活、生产过程中积累起来的经验和常识，亦即传统的和现实的文化，它反映着人类的发展过程。他常常以语言来说明这一规定。葛兰西指出，只要具有独立思

①[意]葛兰西.狱中札记（英文）[M].劳伦斯和维沙特出版社，1971：345.
②[意]葛兰西.狱中札记（英文）[M].劳伦斯和维沙特出版社，1971：404.

考能力的人都可以成为哲学家；而语言可以直接表现出这种思想，是人们表达世界观、向人们展示自己观念的主要方式。在常识的层面上，语言可以直接、有效地将常识展现出来，以帮助人们继承和发扬这种"常识"①。通过对历史主义的这一规定，葛兰西认为在人们的生产生活中，常伴随着创造性活动，它是人类创造文明的载体。（2）历史主义即人的现实的行动。指出这种理论的作用主要体现在可以把反思变成行动②。在不断的反思中，人们的行动也更加具有科学性，并进一步形成了具有特定规律的历史。"实践哲学"采取历史主义的提问方式，解读了什么是创造性的活动，而这也是本书所要重点探讨的问题。从此方面讲，人的创造性活动已涵盖了多方面的内容，首先它是一种理论，可以为人们的实践提供指导；其次，它具有实践的、政治的意义。故而，它对于人类的进步起着非常重要的作用。（3）历史主义是相对性的、面向未来的。首先以本体论的角度来进行诠释；其次从工具的角度上来进行诠释。对于前者，历史主义的相对性是一种特殊的并且相对的思维方式，这种思考方法强调的是对自我意识的认知，这种认知通常是抽象化的，难以具体表现出来的，并由此构造一种历史的预言，以更好地引领人们进行生产和实践③。总的来讲，历史主义是一种经验的思考方法，基于这种经验，可以对未来进行预测。葛兰西在进行此方面的论述时，认为其本质就是只能认识人所创造的东西，然而从"本体论"的角度出发，他认为历史主义是一种基于经验的，并且是人们发挥创造力所形成的思想。维柯的这一思想在葛兰西那里有了不一样的解读，即后者认为其非认识论的论断，而是一个本体论的说明，因此他强调了这种"本体性"，从工具这一角度来看，历史主义的相

---

①[意]葛兰西.狱中札记（英文）[M].劳伦斯和维沙特出版社，1971：323.

②[意]葛兰西.狱中札记（英文）[M].劳伦斯和维沙特出版社，1971：369.

③[意]葛兰西.狱中札记（英文）[M].劳伦斯和维沙特出版社，1971：368.

对性是发动自觉活动过程中形成的，它与历史主体的政治行动存在着密切的相关性。因此，该学者认为，它是把理论、意识转变为现实的工具，此时，政治学和哲学的联系就更为紧密。葛兰西对历史主义的这三层规定，提出对人的创造性活动的本体论性质及相关的学说。他希望对历史主义进行创新性的解读，以破除一切绝对的、预设的东西，使历史主义充分发挥其应有的价值，以消解历史研究中的一切非人的因素。故而，葛兰西认为"实践哲学"，从本质上来说就是"绝对历史主义"。

葛兰西和拉布里奥拉都对马克思主义思想进行了解读和发扬，然后给人类以智慧的启迪，他们主要是以历史主义叙述人的创造性活动，使得这种哲学思想更好地造福于人类。然而需要指出的是，由于他们所处的时代不同，需要解决的问题也具有差异性，此种情况下，他们的哲学主题亦不相同：从时代背景来看，哲学家拉布里奥拉处于自由资本主义时代，其相应的生产方式决定了这一时期人们的价值观和世界观。马克思主义哲学主要是围绕资本主义生产方式展开批判，因此他们在研究时各有侧重点，拉布里奥拉把哲学研究的重心放在生产方式上，因此有学者认为他的研究主要是围绕资本主义这一论题展开的。他发展了马克思的文化哲学思想，并给出了创造性的阶段。而葛兰西处于垄断资本主义时代，这一时期，各个领域都可见到"资本统治"的身影，因此也实现了由物质层面上升到意识形态，同时也让哲学与政治紧密结合起来，在这一时间段内，到处充斥着资本主义的文化统治。由于在这一过程中存在着很多问题，故而马克思主义对资本主义文化进行了全面批判。在不同的时期，马克思主义哲学的侧重点也不同，葛兰西意识到这种哲学主题的转变，提出了比较具有针对性的理论，在其生活的时代，他将哲学研究作为工作重心，并由此构建出相应的理论体系。也正是因为这样，出现了两种不同的马克思主义哲学体系，这些思想一直被沿用至今。在拉布里奥拉看来，"实践哲学"是人类发展中非常重要的文明，其思想的特殊之处在于，从"历史唯物主义"的角度来对马克思思想进行解读。葛兰西则从不同的角度进行了阐述，并对"实践哲学"做了更具体的论述，总体来看，这种思想具有普适性，他主要是结合实际情况，对日常生活进行文化批判，并将哲学与政治统一起来，也正是因为其理论上的普适性，其也被称为意识形态哲学家。不同的学者给出了不同的解读，可以看出马克思哲学具有深厚的哲学传统，在具体解读时可以从各个方向上进行拓展，这正是马克思主义哲学能够一直保持先进性的原因所在。

三、卡西尔："符号的形而上学"思想中的"创造性实践"

对文化象征属性的分析毫无疑问是文化哲学领域的高峰之一。这一高峰就屹立在新康德主义马堡学派的杰出人物恩斯特身上。卡西尔的系列著作，特别是《象征形式的哲学》，众多的观点之中，人们无法忽视卡西尔的思想。因为正是他赋予哲学某种特殊的意义，确切地说，是他使哲学具有了新康德主义者所倡导的科学认识层面的（也包括人文科学认知层面的）批判意义，更重要的是，他赋予了哲学文化认知的功能。"批判"一词应在康德哲学思想视域下加以理解，"批判"不是否定，而是对文化存在可能性提出的依据。卡西尔提出了康德在《纯粹理性批判》中提出的问题，但这个问题指涉的不仅仅是科学，而是整个文化，以及文化的各个构件，并在此基础上将该问题扩展到整个文化空间。如此一来，科学本身就变成这个空间的一部分。卡西尔对文化哲学的理解早已摆脱了逻辑和诸多认知理论的羁绊。如果依然将文化哲学束缚在逻辑和认知理论的范围内，那就根本无法理解关于"文化的科学"和许多自然科学之间的区别，因为无论前者的还是后者的概念都是建立在对唯一起源的原始理解之上。构成该起源的既不是事物本身，也不是感觉和理性先验的形式，构成该起源的是超越认识局限的文化创造能力，这种能力是卡西尔为之着迷的对象物。在任何情况下，科学的概念都是文化现象的折射，人们通常在这种创造能力的视野之内来解释这些现象，因为只有人才拥有这样的能力，所以也只能从人身上去寻找问题的答案，这个问题就是文化是什么以及文化如何可能。《人论：人类文化哲学导论》是晚年的卡西尔侨居美国期间写给美国读者的一部著作，其中就包含了卡西尔对自己理论观点的概括与综述，他在该著作的第一部分中提出了"何为人"的问题，在第二部中提出了"人和文化的关系是什么"的问题。

人和动物的最主要区别在于人能够进行语言上的沟通，人拥有语言，《象征形式的哲学》的第一卷就是以研究语言为己任的。任何在独立个体身上寻找人之实质的尝试都意味着将实质同认知理性和理性的一般概念及思想等同起来。卡西尔反对这种不具有独立性的，且能涵盖实证主义和形而上学唯心论复发症的本质论。实证主义把人降格为对周围环境作用做出情绪化反应的生物体，形而上学哲学家则把人变成某种缺少与现实相关联的抽象之物。交往能力是人最为显著的特征，而交往的主要工具恰恰是语言，语言中藏着一把打开人所创造的文化秘密之门的钥匙。语言首先表现为我们相互交流中用到的词汇，按照心理学家和语言学家的观点，词汇不过是我们用以确定外部现象和我们内心感受的符号（最初是语音符号，后来开始出现了图形符号）。卡西尔和持这种观点的人展开争论：动物同样可以运用符号（比如点亮的灯或者主人的声音），对它们而言意味着开饭时间或者到了放风的时候（为了证明自己的观点，卡西尔特别引用了巴甫洛夫的理论），某些符号具有预示危险的到来或者一些重大事件的发生这样的功能。信号的作用就在于传播消息，符号存在于同一个感觉系列内，存在于同一个空间之内，因为符号在这个意义上具有一个共同的机体或心理的实体，它们归属于同一个现实。类似的实体联系对人同样存在，但人类的言语行为不是通过这种实体联系表现的。他们仅把我们言语中的词汇理解为另外一种完全不同的现实，在词汇和词汇所表现的事物之间不存在机体或者心理上的联系，两者之间毫无共同之处。事物的诞生完全仰仗我们可以给世上万物命名的能力。在这个意义上，词汇不是信号，或者也不是简单的物质性符号，而是象征，这些象征属于与事物和心理感受完全不同的现象系列。

象征是丧失了某种拥有功能意义实体的符号。根据卡西尔的理解，人所生活的世界不是一个充满实体的世界，而是一个由功能或者象征掌控的，这就是文化的世界。整个物质性的现实对我们来说存在于神话、宗教、艺术和科学之中，但这个现实实际上是被我们通过象征手段组织起来的，虽说这个组织过程是在特别的形式中完成的。这些形式就自身的起源而言并无差异，它们可相互区别所依据的并不是其所指涉的我们在现实中发现的物体（对象），而是依据每次在现实中对物体客体化的方法，客体化是通过象征化的过程实现的。该形式并不是现实本身的形式，而是象征的形式，即人的创造行为。形式存在于诸多独特而又鲜活的世界之中，客观现实中已知的事物在这些世界中不仅得到反映，而且根据一定的原则相继诞生。这些独特而鲜活的世界创建自身的象征形式，也许，这里所说的世界与精神象征并不完全相像，但至少两者在精神起源方面是一致的。每一个形式皆无法和另外一个形式归并，每一个形式也不是从另外的形式中衍生，这是因为每个形式皆为精神凝视的具体方法。在这个方法中，同时也因这个方法的存在，现实的一个独特方面得以塑形。当然，这不是指所有的方法，因为存在不能用这些方法向精神敞开，这些方法就是精神在其实体化或自我敞开过程中所开辟的条条道路。如果从这个意义上理解艺术、语言和认知行为，那么人就可以名正言顺地宣布，他找到了能打开指导一般人文科学哲学大门的钥匙。①

　　人总是生活在文化的世界里，这一事实对卡西尔来说仅意味着人生活在他自己创造的世界里，而这个世界只具有象征属性。卡西尔之后，人们习惯于将整个文化领域概括为象征形式的生产领域，倾向于揭示生产工艺的秘密，并以此来筛选文化哲学的问题，或者换句话表述，筛选象征形式的哲学问题。这种哲学与理性概念和范畴无关，也和感受及情绪无关，而与人类认识的象征功能紧密联系，该功能在人类认识的诸多形式里都获得了独特的表现形式。"语言、神话、艺术和科学皆为这种生产工艺"②的不同样态，正是这些样态在整体上构筑了一个文化的世界。象征是文化最基本的细胞，无论是作为语言中的词汇，还是艺术形象，抑或是作为科学术语和宗教仪式，象征都不是简单地标记其自身之外的某种东西，象征也不是对外部或者内部直观之消极的称谓，象征是拥有自我创造潜能的独立能量因素，象征实际是人本身创造能力的另一种表述。深藏于象征中的创造能量不断发挥作用，找到创造新现实的通道，在感性所接受的世界中，人们找不到这种现实的对应物。对人而言，在象征之外没有别的现实。在象征之外是否存在一个与现实中象征相匹配的另外的现实，这个问题在卡西尔看来不仅毫无意义，而且很多余。和任何生物体一样，人毫无疑问生活在物理世界中，需要遵循世界的法则，但随着人思维的进步和经验的增加，人不再和现实直接对抗，不再面对面与现实争斗。当人的象征活动逐渐变得频繁时，物理现实似乎离人越来越远，人开始摆脱对物的依赖而向自身求助。卡西尔认为，

---

　　①刘振怡.文化哲学的合法性探究——从卡西尔的符号文化哲学说起[J].求是学刊，2010（05）.

　　②刘振怡.文化哲学的合法性探究——从卡西尔的符号文化哲学说起[J].求是学刊，2010（05）.

以这种方式来理解人可将我们带上发展文明的道路。

假设象征思维和行为是人类生活最显著的特征，而且人类文化的进步完全依靠上述特征的话，那么人的这种创造力从何而来，其源泉又是什么？如前文所述，在那些善于运用信号和符号的动物身上，同样可以发现象征活动的基本形式。如果动物无法将它们在当下体验到的心理反射、情绪状态、情感和感受与所使用的信号和符号区分开来，那么人则能赋予这些体验以客观的意义。比如，我们在说出"恐怖"一词时，我们未必想以该词来表达我们在说出这个词所体验到的该词的含义。这就是说，动物的语言是情绪化的语言，而人的语言是表述关系和设立命题的语言。"情绪化的语言和设立命题的语言之区别就是人的世界和动物世界之间的界限"。①动物会使用信号和符号，从上述观点出发，两者作为象征分属于不同的世界，信号属于物理世界，而符号则属于充满意义的人类世界。前者被卡西尔称为操作者，具有物理的或者实体化存在的特征，后者被卡西尔称为信号毁灭者，具有功能指向意义。与前者不同的是，后者拥有更为广阔的实用性，在现实存在中，符号的使用往往超出具体的情感内涵。象征不但包罗万象，而且变化无常，同一个意思可用不同的语言和不同的术语来表达。如果一个原始人赋予词汇可传达事物本质意义的功能（比如，他不会把神和神的名字区别开来），他一定会将词和物置于一个不可分割的意义关联链条上，从文化的更高层面看，人十分了解词与物、词与事之间的差异。物可以用各种不同的词汇来进行标识，但意义只属于词汇，而与物无关，这使得词汇具有象征构成特质。我们力求在象征之中明晰人想要说什么，而非他所说的话的实质是什么。

类似的区别可以使我们明白，人类文化是如何建构的，以及是在什么

---

① 刘振怡.文化哲学的合法性探究——从卡西尔的符号文化哲学说起[J].求是学刊，2010（05）.

基础上建构的。正是在文化的象征世界里，人获得了创造力，并逐步走出受感性经验制约的、被物理定律所局限的、可用时间和空间加以描述的疆界。时空是任何现实的最基本形式。如果说对动物而言因栖息地和生命周期的原因使其活动的时空受到极大限制的话，如果说人们很长时间以来常用自己的感性经验来理解两者的关系并不断用物来填充其中的话，那么随着数学知识的普及，人们渐渐明白，时空不过是抽象关系的象征，该象征的真实性通过判断和语句加以确定，而不是用物证明。正因为如此，人可以利用时空的无限性，使自己不但能生活在当下，也能永存于过去和将来，而且能通过回忆重塑未来，通过预测来感受未来（当然，有些高级动物也能做到这一点），人可以在自己的记忆和想象中创造性地重建时空。人可以驻留在任何时空，尽管这时人依然处在某个无法改变的时间内并被具体的空间所围困。就自然属性而言，人类的想象如同记忆一样是具有象征意义的。想象使未来获得理想的特征，或把这种理想称为生活命令，该理想已经远远超越了人的现实需求，就最高形式而言，已经超越了人类日常生活的边界。这就是人具有象征意义的未来，这种未来与人之象征意义的往昔相适应，并和人共处在严格的相对性之中。

卡西尔用数学和政治学思维的例子来说明他对象征和现实之物、观念意义和实际存在之间区别的理解。与此同时，他引用柏拉图的《理想国》、托马斯·莫尔的《乌托邦》及卢梭的"自然人"来说明他的观点。所有这一切皆非现实中的形象，而是纯粹的象征，是对从未有过之物的想象，纯粹象征不是用来描述过去或者现在，而是为了构建新的未来。如果没有乌托邦，就没有历史。只有借助类似的象征，人才能克服自身存在的自然惯性因素，并最终获得永久性的改造人类这个宇宙的能力。

就卡西尔哲学与古典主义的（比如启蒙主义哲学）理性哲学而言，卡西尔可能是最后一个对人类文化的创造潜能和人文取向给出很高评价的古典主义类型的哲学家。他在文化哲学的人文主义根基中看到了自己的研究目的，并把这种目的与在实证主义中找到自我表达的文化哲学的自然主义根基对立起来。卡西尔人文主义的文化哲学的基础是无所不能的人，这个无所不能的人具有个体的自由和创造意志，始终处于动态的发展之中，能够在创造活动中将自己置于理性主义思想之上，像艺术家一样展开无边无际的想象。人在自己那种具有不间断又无终结的文化形式——象征世界——活动中将这一切都囊括其中。与新康德主义的前辈不同，卡西尔认为哲学的首要问题不是认识，而是存在，是指人在文化中的存在。他将存在阐释为一种功能性而非实体性的构成，其特征在于使人从能力走向象征活动。卡西尔式的本体论以此来保持同从康德以来的古典先验论传统以及该传统所重视的主体优先于客体、活动优先于现实的理念的一致联系，如果说和这个传统有区别，那主要表现为卡西尔式的本体论对活动做了更为宽泛的阐释。活动几乎囊括了文化创造的所有形式，甚至包括像神话这样被古典先验论所忽略的形式，也包括被古典先验论看成是在理性阳光照耀下日渐消散的古旧意识的偏见和某种历史遗存。任何形式都在众多的文化形式集合中拥有自己的位置，只有这些形式有效集结在一起时才能显示人的真正可能性和标识出人存在的边界。从这个观点出发就不难发现，神话之于文化意义重大，如同艺术、科学和象征活动的任何形式一样，神话与人类的存在密不可分。当问题以这种方式被提出时，人不仅等同于自己理性的、通过理性判断所领悟的活动，也等同于由人所创造的文化形式积累起来的所有财富，正是这些形式在自身的综合与整体整合过程中能够廓清人之精神世界的空间。对文化的认同，对人生存于其中的那个充满意义的文化基本形式的认同是卡西尔哲学最主要的部分，这也是被后古典主义哲学思想的继任者所诟病之处，这其中就有海德格尔，他将自己的任务设定为在人的文化创造之外，即在人的生活情绪和感受中发现存在的真理。海德格尔那根基深厚的本体论思想对理性的形而上学和基督教伦理而言就是尼采哲学虚无主义的延伸，这种本体论思想不仅是朝文化批判方向，同时也是朝否定文化批评方向迈出了一大步。

第四节　马克思主义文化哲学"创造"思想对中国当代文化哲学的启示

文化作为人的"作品"和人的"现实"，它的本质就是"创造"。在马克思主义文化哲学中，人通过"创造"而获得了"文化宇宙"，无论这个"文化宇宙"由何种符号、何种价值构成，它都是人"自由的有意识的活动"的产物，只有拥有真正意义上的"自由"的人的类本质的人才能拥有"创造"的可能，对于中国当代文化哲学启示在于：

首先，始终将真正人的创造作为文化的本质。文化的本质中，始终将人的"创造"作为本质，将把握"创造"作为把握文化发展规律，建构文化理论和进行文化创新的关键。突出对人现实的"自由"存在和"自由的"主观能动性，是文化创造可能的前提。人是文化创造的主体，也是文化创造的目的。面对当代中国文化问题，要从中国当代人的文化创造中寻找问题，以"创造"的人何以可能去拷问中国当代的人的文化存在，探讨中国当代现实的每一个个体所面对的文化异化问题，明确"创造"问题在当代不是一个群体问题而是一个个体性问题，需要个体迸发出自身的创造力，要求中国当代文化哲学从"创造"的人的角度提出消除异化的理论方案。

其次，从"创造"的"全面性"入手，赋予文化创造非功利性的现实动力。"创造"不是一种功能性的、一般意义上的创造，它并不是直面人的肉体生存，而恰恰是以"美的规律""人的尺度"去构建人的世界，正是这个区别与本能生存性或者说动物性自然世界的文化世界才是创造之所至。中国文化中的人的工具化存在之所以日益深重，从根本上说就是文化的功利性异化所在，人的文化存在只是"载道"的工具，个体的人的存在价值被共同体的存在价值所淹没，只有在功利性中才能获得自身的文化存在性确认，因此个体自身的丧失就使得个体不再具有"创造"的可能，从而文化也就丧失了"创造"的动力与可能。

第三，应当以马克思主义文化哲学的"创造"思想重新审视中国文化资源，发掘被遮蔽的优秀文化"创造"资源，将中国式的"创造"资源发掘出来，一方面使中华优秀传统文化获得现代性转化创新的可能和方向，另一方面将中国文化自身的"创造"性资源探寻出来，为中国当代文化实现与当代诸文明文化的对等并立与互动提供支撑。

第三章 马克思主义文化哲学"创造性实践"的理论内涵：个体创造性实践

第一节 马克思主义文化哲学"个体创造性实践"的理论内涵

一、人的"创造性实践"是文化的本体

作为文化哲学本体论，必须回答的第一个问题即是文化的本质为何，以及文化用以表达自身的各类文化现象的本体为何，人与文化又是一种怎样的对象性关系，二者如何相互作用，相互影响。正如马克思在《德意志意识形态》中一语道破的一样，毫无疑问人是所有文化现象的第一前提，人的文化"创造性实践"与文化的创造物为何，就是文化哲学本体论破题的奇点。本体论在不同的时期，学者们研究的侧重点也具有一定的差异，自从巴门尼德以来主要是围绕"存在"这一课题展开讨论，之后，人们又围绕"认识论"展开讨论。而对于后者，则主要是对"存在是什么"进行深入地论述，因此也得出了不同的研究结果。但这种研究后来受到了海德格尔的批判，该学者基于前人的研究经验，提出"为什么在者在而无反倒不在"这一问题，这在当时受到了学术界的广泛关注，其本质就是人与文化是以什么样的态势存在。"人"是"文化的"创造者，在论述两者关系时，可解读为人总是有着某种文化的"前理解"。同时，学者也提出：人是具有"文化"的存在者，"人"创造了"文化"，并受到"文化"的影响。人恰恰是通过文化才"成为"人

的，因此它们是辩证统一的关系。人在本质上是被文化打上"文身"的"文"人。文化作为人的存在的"生存论结构"，它反作用于人并推动着社会的进步。人作为文化的"此在"会不断地累积出文化，然后二者又相互作用。人不断形成自己的"生存论结构"，并以此来获得进步和发展。也可以说，文化提供了人的特定理解，并使人类更好地认识自我，发展自我。①李金辉教授在此处借用海德格尔的《存在于时间》的表达，表明了人是文化的"此在"也是文化的"存在"，人在文化中构建着自己的属人的而非自然的文化性生存结构，这种文化生存结构以文化的存在为表达，而这种文化存在的意义并不是外在于世界，而是内在于人自身，即人是文化的本体，人的文化行为构成了文化的全部可能，正是人的"此在"决定了文化的"存在"。在这样的反思中，看似澄明了文化的现象学本体，实则再次遁入抽象，因为他忽视"此在"的人与"存在"的人的区别，也忽视了文化的"此在"与文化的"存在"的区别，换句话来说，李金辉拿到了海德格尔的"存在"，却忽视了海德格尔另外重视的问题"时间"。实际上，从马克思主义文化哲学的视角中说开去，人的"此在"即是人"创造性实践"的状态，人通过这种"创造性实践"的对象性活动证明了自身在文化"存在"——人"创造性实践"的产品中的存在和意义，所以在文化哲学意义上，"此在"即是创造性实践的进行时即being形态，而"存在"则表现为人"创造性实践"的完成时即done形态。

人的"创造性实践"问题，与时间是息息相关的，以英语语态来说，既是有being状态的"现世的人"又是以兼具being和done形式的"现实的人"，无论现世的人还是现实的人都是文化实践的主体，但却形

---

①李金辉.海德格尔现象学：一种文化哲学的反思[J].天津社会科学，2014（01）.

成着不同的文化"此在"和文化"存在",也就是说人的现世的"此在",形成了文化的"此在",表现为活生生的人,手握生命的人的现世的文化日常生活,体现为他的情感体验、他的人生经验、他的日常生活,以及他的出生或死亡,一切的开端于出生,结束于死亡,当现世的生命结束的时候,他不具有的是文化的"此在",但他仍是"现实的人",因为他拥有过"此在",他的一切文化生活都将融入和形成文化"存在",影响一个或者多个正拥有"此在"的人以及尚未拥有"此在"的人。文化同样具有时间上的区别,但人在创造文化时,无论诞生的是文化行为、文化符号还是文化象征,此时的文化与人都是一种"此在"的being状态,人创造文化的原因不论出于何种,但归途都是同一个,即人在文化中"此在"的自我实现。人与文化在同一时空中,处于being状态,这种being状态是一种对象性关系,同时也是一座桥,人走过这桥,遇见的是文化中的自己。人对象性地生成了文化的自我之后,这种文化自我就构成了文化"存在",即人的文化的done状态,所有的对于文化的符号、文化意味、文化底蕴的尽心思量,无疑都是对于文化存在,即文化的done状态结果的考量。从这个意义上,以卡西尔理论为代表的文化哲学思想以及文化现象学、文化人类学的研究成果都有一个共同的缺陷,即丧失了文化的"此在"性。抑或说虽然理论研究显示出一个篇幅宏大的文化发展历程,但其研究的对象仅仅是不动飞矢的层层片段。可以说,这种文化哲学的研究一定是被动的,它视域里看到的是无数文化片段中的人,也就是无数人的文化存在形成后的时间碎片贴合折叠而成的景象,并没有触及文化的根本。他们所观察到的是文化存在在时间里累积后的样子,也就是说一个文化符号在诞生之初的含义与百年后的含义变迁可以用符号的形而上学来解释,但人的文化归根到底是人的生命表彰。done的状态无论如何分析,都无法代替对于being的把握,因为done不再拥有现世的有生命的时间，而being拥有的是有生命的时间，所以文化哲学的本体论问题，不应以文化的"创造性实践"为本体论依据，而应该以文化的"此在"为依据，即把握人的文化"创造性实践"的being状态。

二、"个体创造性实践"是"创造性实践"的理论核心

人的"创造性实践"先于文化的宇宙而存在，文化是属人的，当文化从"创造性实践"活动变为文化"创造物"时，它会反向回来规训它正进行"创造性实践"的主人及其继任者。在文化的时间过程里，当下现世的人永远无法影响过去现实的人，只有现实的人和他所创造的和凝固了的done状态的文化存在影响现世的人和还未成为现世的人。所以文化真正赖以存在的根基不是现实的人，而是现世的人，一个拥着自我生命，在经历真实生活和生老病死人生五味的人。这样的人就是一个拥有着现实性生存的个人，一个承载着"创造性实践"进行时的个人。马克思曾说，"只有人才能创造历史，而这样的人同时也是历史的造物。"这个"有生命的个人"就是从事"创造性实践"的个人，人的"创造性实践"由个人的"创造性实践"交织而成，所以个体的"创造性实践"在本体论中较之人的"创造性实践"更具先在性，同时个体的"创造性实践"也是文化"创造性实践"产物的先在。

文化是人的产物，是一种作为类性质而存在的人的产物，文化在人的历史中不断凝结，而这种凝结就是每一个人类社会中的个体的生活、交往，表达的是个体的情感、欲望、个性和人格。每一种文化都透露着一种伦理性和哲学性，它都从人对于世界的理解开始，最后转而向人自身进发，从人的一种价值观念的表达转向一种对于人是什么的表达。人是文化始终围绕而且必须围绕的核心，由它回答从何处来，到何处去，该怎样生

活，又能希望什么。从文化这个词的出现，就代表这个词是一个类名词，它是一种类的存在，而不是个体的存在。在人与自然斗争谋求生存的漫长岁月里个体始终以社会的成员身份出现，所以个体无论做出了多么大的文化创造，这项创造也会第一时间成为去群体的财产而与个体相脱离，最终反过来规训个体。但不能否认的是，没有个体的感性生命经验，文化就丧失了根本内容；没有个体的自我需求与个性，文化就丧失了特点；没有个体对于世界的个体化理解，文化就丧失了自己的作品。所以没有一个个活生生的个体，没有个体的生活、个体的交往、个体的个性与需求，文化也就只是一种历史的平白叙述，那么我们的自由历史和野猪的自由历史又有什么区别呢？[①]在个体与文化的辩证关系中，个体的文化主体性是其中的关键。一般来说"'个体'的认知是相对于群体而言的……'个体'的最大单位是人类，因为文化是人类对世界的个体化理解，区别于其他生命。'个体'的最小单位是作品，因为作品可以表达个人对世界的个体化理解"。[②]在个体与文化的关系中，个体的主体性体现在个体拥着创造文化的塑造和创造文化的可能上，文化在这种主体性中表现为个体的作品以及个体的生活。人直接地是自然存在物。人存在于自然环境中，且能够发挥主观能动性："一方面具有自然力、生命力，拥有自我意识，能进行反思；哲学理论作为天赋和才能，会反作用于人类并影响人类发展进程；另一方面，人作为感性的存在物，其属于自然环境中的一部分，会受到自然的制约和影响，换言之，自然是人类赖以生存之处，自然会影响人类但是也受人类影响。说人是肉体的、有自然力的存在，这也就表明了人属于自然的一部分，并且有自己的活动空间，在这个空间中，人可以发挥主观能

---

① 马克思恩格斯文集：第1卷[M].北京：人民出版社，2009：5.
② 吴炫，刘云龙.创造的本体：个体化理解世界[J].江苏行政学院学报，2020（04）.

动性；仅凭感性的对象才能表现自己的生命。"①个体就是人，人即是个体，个体就是这有肉体、有生命、有现实、有感性、对象性的存在物。那么个体对于文化的主体性就表达为个体对于肉体、生命感性经验的主体性；个体对于日常现实生活的主体性、个体对于自我对象化了的文化创造的主体性。

三、"个体创造性实践"的理论阐释

现世地拥有生命的个体，个体的"个体创造性实践"与文化的"创造性实践"始终处于一种being的对象性状态中，而这个对象性的活动即是人的文化创造实践活动，"创造"即是这种being的旨在。本书认为，个体之于文化的"此在"性的状态即是"个体在进行文化创造"的being状态，一旦创造活动结束，个体将面对的是一个以自我本质力量对象化了的文化"存在"。所以要明晰实践的文化哲学的本体论，即是要明晰"创造"这种being状态何以可能。

（一）"个体化理解世界"②是"创造性实践"的前提

我们已经论述了个体对于文化存在的先在性，同时个体的感性生命经验也就构成了个体面对自己创造素材（自然、个体生命经验以及文化存在）的态度，每一个"创造"的开始，都起源于一种对于来自于自我的内在化的问题——"个体化理解世界"的问题，"个体理解的是包括生命与文化、个体与历史等各种关系构成的世界，从而区别于个人对既定世界观的个性化阐释"。③"创造的本体"体现在人类的独特理解上，即不同的

---

①吴炫，刘云龙.创造的本体：个体化理解世界[J].江苏行政学院学报，2020（04）.
②吴炫，刘云龙.创造的本体：个体化理解世界[J].江苏行政学院学报，2020（04）.
③吴炫，刘云龙.创造的本体：个体化理解世界[J].江苏行政学院学报，2020（04）.

民族或国家，他们创造的文化以及思维方式也存在着较大的差别。另外，这种理论也体现为个体对元理解的创造理解上，通俗来说，就是不同的人，对世界、对人会有不同的认识。在我国，很多文学家撰写出不同的文学作品，他们的思想更是影响深远（庄子、墨子、曹雪芹等），这就是对"创造的本体"最通俗的解读。一个民族对世界的文化性独特理解，也是基于人们不同的价值观而形成的，柏拉图、亚里士多德、老子等就是其中的代表①。个体化理解世界构成了一种向自我生活经验和文化存在发问的前提，个体的现实生命体验构成了个体化理解世界的内容，而发问的方式与探索答案的方向则在于个体与文化的对象性关系当中。

个体化理解世界就是个体对于自我文化"此在"的认识，抑或是个体对于我之为我的认识，并由此而产生的关于自身"此在"的生活体验、情感冲动和影响"此在"的文化"存在"的认识的综合体，它构成了个体进行创造的初衷。同样，正因为个体化理解世界的对象是世界，所以个体的"创造性实践"就内在包含了个体的社会性，从而当个体化理解世界的问题一经创造解决，对象化为个体性的文化存在，这种个体性的文化存在就有了进入群体，形成群体性文化认同的可能。所以，"个体化理解世界"也就是个体对于"存在"与时间的追问。

"个体化理解世界"的"存在"向度，即是"个体化理解世界"中个体对于"创造性实践"何以可能之追问。个体在明晰"我是谁""我的生活是怎样的""我的未来将会如何"的问题，在追问的过程中，个体与文化的已有创造以及自身文化"创造性实践"开始了一种"交锋"，这种"交锋"就是个体对自身在"创造性实践"中对象化地追求"自我实现"的张力。在每种文化存在中，个体当被"抛入"其中时，业已形成的文化

---

①吴炫，刘云龙.创造的本体：个体化理解世界[J].江苏行政学院学报，2020（04）.

存在会为个体提出存在性要求，即个体要成为文化存在所规定的此在性个体，而不是个体所要的此在性个体，个体面对的文化世界已有的社会规则，要使用文化世界已有的文化符号，要在已有意识形态下生活，这些非主观能够选择的文化存在构成了个体面对的全部文化存在性世界。个体所拥有的是真实的感性的生命经验，他的本能、他的社会关系、他的喜怒哀乐交织在一起形成了他对于人之"存在"和世界之"存在"的"理解"与"不理解"，从而形成了自我实现的价值创造期待与冲动。个体此时向文化展示的是"一种基于自我意志和主观能动性的理性"，无论这种个体化的理性在文化存在角度看来是理性还是非理性，它都代表着个体对于自身所处的文化此在性的最高反思。"个体化理解世界"的存在为个体处理自身与文化存在关系中为"自由个性"设定了崇高的地位，一方面"个体化理解世界"这种独立思考的意识之所以可能正是个体作为主体在文化中具有自由的主体性地位，因为"自由的有意识的活动恰恰就是人的类特性"[①]。只有拥有这种文化此在性的"自由"的人才能独立思考出"个体化理解世界"的问题；另一方面"个体化理解世界"为文化提供了一种个体性的可能空间，在基于规律性的一般意义上的实践而言，创造问题本体所体现的恰恰是一种个性的表达，即针对人的文化此在与文化世界的存在提出自己的个性理解，这种个性化也使得"创造"走向一种令他者惊艳的可能。如同百家争鸣时期诸子的主张，每个流派的理论都是创始人基于自身"个体化理解世界"而形成的独特追问而建构的，这种追问就缘起于对于自身和所处世界的理解，无论是性善或是性恶都是圣贤求诸己身然后再推己及人的结论，这些"个体化理解世界"的思想都是当时文化存在所难以概括的此在。

---

①马克思恩格斯文集：第1卷[M].北京：人民出版社，2009：162.

　　"个体化理解世界"在对于个体的"创造性实践"与文化存在追问的同时，也就开始对于文化存在意义上"时间"的追问，也就是对于文化存在的历史的追问，或者说个体从"个体化理解世界"的问题出发，来追问一个文化存在历史化生成的"合理性"问题。在时间的角度上看，文化纵横万年，个体现世生命短暂的几十载如同沧海一粟，但当个体对于自我文化生存的合理性产生质疑之时，以历史面目出现的文化的合理性就会被个体质疑，从这个角度来说，对于个体文化此在的追问就有了生成论和功能论的本体论意义。在对于文化生成历史的过程的追问中，以孔子为例，孔子法先王的、克服周礼的追求原因就在于在他的个体化理解世界的问题中，解决礼崩乐坏的文化此在的出路在于恢复文化存在中的合理性因素，使当下的此在合理化。同时，对于文化存在历史生成的追问，也在回答着个体对于自身文化此在意义的追问，他的此在是怎样的此在，只有在历史生成的过程中比较而来，"往者不可谏，来者犹可追"，个体需要在历史的空间中确定自身的意义和价值定位，这种价值与意义的权衡在完全追问于文化此在和自身此在是无法完全实现的。张载曾言为天地立心，为生民立命，为往圣继绝学，为万世开太平。天地之心、生民之命皆是此在可以解决的问题，而自身的历史价值或者文化意义，则是与往圣绝学、万世太平息息相关的。对于个体而言，生命的短暂是一种不能摆脱的必然，而自身价值意义层面上的自我实现则只能在历史的"绵延"中实现，正如柏格森在《创造进化论》中所强调的那样，这种人自身的"绵延"，是由生命的不懈创造所完成的，只有在历史化的过程中，个体化理解世界的问题才拥有了终极意义，或者说才能够去追问和回应人始终追问的终极意义，一种人文化存在的终极意义。

（二）"创造性实践"是一种对象性关系的解放

个体的文化存在性，通过"实践性实践"与他的文化存在性世界相联系，"创造性实践"则体现为一种being的过程性的状态，是一种进行时，而非完成时，在"创造性实践"的过程中个体与文化永恒处在这种对象性关系中，因而把握个体与文化的对象性关系即是对"创造性实践"为何的哲学追问。"对象性"是德国古代哲学的一个重要范畴，在不同哲学家理论中"对象性关系"产生了不同的理论可能，也在"对象性"的关系中"异化""外化"以及主客体关系等问题得以展开。马克思更是高度把握了"对象性关系"，进而在《巴黎手稿》中将"实践——感性的对象性活动"问题明确提出，在"实践"的"对象性关系"中主体成为能动的主体，并且是能够认识和改造客体的主体，同时在"对象性关系"的另一端客体也通过这种基于实践的"对象性关系"向主体展示了自身"对象性"的物质性存在。马克思在"异化劳动"的理论中，其"四重规定性"认识就来自于"劳动者与劳动产品""劳动者与劳动过程""劳动者与他人""劳动者与人的类本质"四种"对象性关系"的考察，在《资本论》中"商品"与"人"的"对象性"关系促使价值、资本、生产力、生产关系等重要理论范畴的涌现，可以说都是马克思通过"对象性"地把握世界、把握人类社会发展进而提出的科学理论，也可以说马克思的"异化理论"就是主体在这种"对象性关系"中地位的丧失与异化。

"实践"是通过"对象性关系"来实现的，"对象性关系"是实践过程的载体，也是主体的主观能动性能够抵达客体不可或缺的桥梁，但"对象性关系"对于实践主体来说却是具有或然性的，主体能否获得实践、劳动的对象取决于自身处在怎样的社会关系之中，即怎样的与社会中他者、自然的"对象性关系"之中。继而，人能否实践在于是否拥有这样的"对象性关系"以促成实践的条件，而当实践进入一种常态化，这种"对象性关系"获得一种固定的表达方式后，主体客体的"对象性关系"的进一步发展，则不能再依靠现有实践，而应依靠"创造性实践"，"创造性实践"是"实践"的飞跃。人类文明的发展在于生产工具的不断进步、社会组织的不断发育，而所有生产工具都是自然中没有的"为我之物"，是人类否定自然"自在之物"的结果，从石头到石斧，人改变的是与"石"这一物质的"对象性关系"，人在这种"对象性关系"中不仅是实践的主体更是"对象性关系"的主体，是"对象性关系"的生产者，这种创造性实践可以说是"改变了实践的实践"。"创造性实践"在抽象的意义上是一种"类实践"的发展，它的主体是人类，而在具象意义上来说则是个体生命体验的升华，我们说爱因斯坦发现的"相对论"是人类文明发展的思想瑰宝，但同时我们不能否认这也是爱因斯坦个人的理论创造性实践，创造性实践就其具象的意义来讲，必然是个体化的，即个体化地改变了原有"对象性关系"的实践，是一种对原有"对象性关系"的否定，并在否定中构成了新的发展，但"创造性实践"从个体的特殊性实践而成为类的普遍性实践后，新的一次"创造性实践"就再一次在对现有"创造性实践"的否定中孕育了。

创造性实践是主体从"对象性关系"中的一次解放，在于对原有的具有外在规定性意义的实践的扬弃和发展，这种解放再一次将"对象性关系"生产的主动权交到了人手中，即每个个体手中。马克思在《关于犹太人问题》中强调，人们通过努力，充分实现自我价值，而这也是一种"解放"。这种解放的实质就是人重新获得自己"对象性关系"的主导性地位，将与这种"对象性关系"由必然的、被动的关系转为自由的、个性的关系，这种"对象性关系"的获取、选择与以之实践都将不是"不得不为"的，这正是马克思主义以实现"人的自由全面解放"的宗旨，在"创造性实践"中解放的不仅是人类对世界的"对象性关系"，更是每一个个体自我实现的可能。"自由"赋予了改造和扬弃现有"对象性关系"的前提，而"个性"则使个体进而使人类获得了普遍创造性实践的无限可能，从而使马克思追求的"自由人的联合体"不像黑格尔的"绝对精神"一样成为一个完满的圆圈运动，而是成为不断发展的上升运动，这动力的源泉即是创造性实践，而且随着人的自由全面发展实现得越彻底，个体越是成为"自由个性"的个体，个体的创造性实践力就越丰富，社会的发展也就越发达。个体在对现有"对象性关系"的否定中，再一次"对象性"地感受自身，认识自我，再一次将自我实现的冲动"对象化"到世界当中，实现个体与类的不断发展和不断丰富，所以"创造性实践"何以可能的问题，从本质上来说就是"创造性实践"的现实主体即个体成为具有创造性实践性个体何以可能的问题。

文化是人的第二属性，人是文化的主人也是文化的造物，文化是每一个个体行为价值观念的有机集合，也是个体的价值观来源。在文化产生时它是个体行为的表达，而当文化定型后它以每个个体作为自身的表达符号，以一种内在规定性的方式存在。在人类社会不断发展的进程中，文化不断规训着个体，但文化的丰富性的可能与动力却来自每个个体的创造性实践。可以说文化与个体之间也存在着一种多样化的"对象性关系"，普遍存在于个体与文化之间、个体与文化的世界之间。个体与文化之间的"对象性关系"本质上就是个体与文化中的自身的"对象性关系"，即个体与自身文化身份的认同与排斥，在个体与自身的"对象性关系"关系中，个体作为主体只能选择是否成为在文化中"对象性"存在的自身，而不能决定成为怎样的文化的自身，关键问题在于这种"对象性关系"本身是由文化近似"先验"决定了的，所以个体作为主体只能选择是否成为"对象性"存在的那一种文化中的个体，却无法决定成为怎样的文化个体。从这一角度来说个体获得一种文化的丰富性可能，或者说摆脱这种文化的异化状态，根本的出路在于改变个体自身与文化的"对象性关系"，在于个体自我文化主体性的确认。文化总在融合和交流，而这种文化的交流活动的载体无疑是一个个流动的个体，在全球化背景下的文化交流甚至依靠的是两个不需要谋面而只需要联网的个体，个体面对的文化世界则是一个由无数个个体的故事、个体的行为、个体的生活方式所组成的文化拼盘，个体需要在这个文化拼盘中在对象性生成一个文化中的自身，而文化拼盘中有无数个"备选"对象，个体只能进行选择，然后进入一种文化的对象性生存角色之中，促使这种"对象性关系"的固化，从而实现有效的跨文化交际。

个体在与文化的"对象性关系"中丧失了自己的主体性，沦为文化的客体，这种文化异化状态使个体丧失了"创造性实践"的冲动，更丧失了"创造性实践"的可能，最终也使文化的进一步发展丧失了动因。使个体在文化中获得解放，现实地摆脱异化状态是文化哲学的使命，只有将个体从这种被压抑、被决定的、丧失主体性的"对象性关系"中现实地解放出来，使个体在文化的"对象性关系"中获得的不是一个被文化决定好了的自我，而是能与文化站在"对象性关系"的两端、实现对等并立的自我，个体在文化中展示自我的生命力、创造性实践力和丰富性，而文化则向个体展示作为"材料"性的文化环境和资源，作为主体的个体从自身出发，以文化为"材料"，以自身的生命力和感性生命体验为源泉，形成一个具有"自由个性"的文化存在。当个体具有了改造自身与文化的"对象性关系"的主体性后，从文化实践向文化创造性实践转变也就具有了条件，从而文化发展与丰富所需的个体文化创造性实践也就具有了可能。

第二节 "个体创造性实践"对于马克思主义 文化哲学的理论意义

"创造性实践"是马克思主义文化哲学实践本体论的延宕与深化，人类之所以能够构建出如此繁荣而庞大，甚至是不朽的文化世界，作为人区别于其他自然生命根本特征的"第二自然"，已经概念相对泛化的"实践"不能概括人类文化林林总总、缤纷万千的巨大差异，也不能概括先贤、往圣之所以迸发出无限智慧火花的根源。"实践"只有类的差别，即人与其他自然生命的差别，而"创造性实践"则突出了人最为宝贵的"自由"与"个性"，也正是因为平等地属于各个个体的"自由"与"个性"，使得"个体化理解世界"的人文之思得以出现，个体以人类全部文化存在作为自身创造活动的材料，在创造中重新定位自身与文化中的对象化存在的自我和全部文化存在的对象性关系，进而实现"自由个性"的文化自我实现后，创造活动作为being的过程结束，个体的文化创造物就以文化存在的done形式被固定下来，通过社会关系网络的传播，而成为他者的文化创造材料或者文化实践对象，个体的生命就以"绵延"的方式在时间中展开，最终凝结成一个仍在不断创造着自我、更新着自我的文化世界。马克思将"人的全面发展"作为人类解放的目标，人的全面发展在文化哲学中就应该是每个个体都能以自身的"自由个性"得以彰显而最终实现的，所以人类解放不是最终目的，个体的解放才是最终目的，而当生产力极大发展的共产主义世界降临，人的异化彻底扬弃，拥抱"自由人的联合体"时，人在自身创造的文化世界里"诗意地栖居"而拥抱自我的全部本质时，人的解放运动宣告结束，而"真正人的历史"则在"个体创造性实践"中再次启程而永不停息。在文化哲学的本体论意义上，"个体创造性实践"能够从存在论、生成论以及功能论的角度回答文化的本质问题，回答文化如何转型发展的问题，以及人类整体性文化何以可能的时代问题。

一、何为文化的本质："个体创造性实践性"的文化哲学存在论意义

对于文化的本质问题，是文化哲学本体论问题必须率先回答的问题，它的答案即是要说明文化是什么的根本性问题。对于这一问题，"个体创造性实践说"的回答是文化的本质就是作为"此在"的现世存在的个体对于文化的创造活动，这种创造活动以个体"个体化理解世界"的问题为起点，以全部人类文化存在为材料，是以改造个体与文化存在对象性关系为发展动力的文化实践活动，是马克思主义文化哲学实践本体论的延伸和细化。现实的、现世的、活生生的，拥着全部感性生命经验的个体是"个体创造性实践说"的主体，个体的自我实现是一个永无止境的过程，因而个体的创造亦是一个永无止境的过程，而且创造本身始终是一个being的状态，而不是done的状态，全部的文化现实即文化存在都是这种"个体创造性实践"的创造物，而非创造本身。所以文化的本质，就是个体"自由个性"的创造，一切文化现实都是这种创造过程的结果。

"个体"，此在的现世的个体，拥着存在现实性的个体是文化的首要维度，也是文化存在的根本前提，个体的以自己的"此在"的感性生命体验提供了文化存在论能够诞生的"元理解"以及"再理解"的全部内容与前提，是文化得以出现的根本原因。个体对于世界的"元理解"，在不断延伸和扩大的社会交往中，不断在不同的个体间"绵延"和显现，催生和凝结成了每一种能够"自我说明"（汤恩比语）的文化的"元理解"，在"元理解"形成后再随着社会实践不断发育、人现实生活不断改变而不断再创造出"再理解"。文化之所以呈现缤纷绚丽、万千姿态的存在图景，

根本原因正在于个体的个性的差异，以及随之而来的"个体创造性实践"的差异，同样也正因为"个体创造性实践"的差异，文化的存在才拥有了一种动态的发展，文化所拥有的全部历史，漫长的时间，正是一个个人类现世存在的个体的生命时间所组成的，个体以自我生命为内容的创造构成了文化的全部生命。所以人的文化，不应是压抑个体生命的文化，而应该是呵护个体生命力的文化，承认个体全部感性生命体验并为之提供书写表达可能的文化，应该是包容和肯定个体"自由个性"的文化，应该是动态发展而非僵死的文化。从"个体创造性实践"的存在论维度来说，人类文化并不存在本质上的差异，而存在的是个体之于文化的关系之间的差异，即压抑"个体创造性实践"的文化和呵护"个体创造性实践"的文化。压抑和呵护的差异产生的根本原因不在于文化，而在于文化中现实存在的个体如何处理与文化存在的关系，正如普罗泰戈拉所言"人是万物的尺度"，文化是人的造物，是人实践的结果，文化本身是受动的，而不是主动的，所以文化出了问题绝不是文化的问题，而是处于文化之中每个个体的问题。

二、何为文化类型与发展转型："个体创造性实践"的文化哲学生成论意义

文化哲学是反思现代哲学的产物，是在反思西方文化中心主义衰落和价值观崩塌后，重建价值世界的一种哲学建构尝试，随着文化哲学伴随现代诸多学科的发展，文化哲学面向人而进行"人类形而上学"探索的哲学尝试，也使得文化哲学与人的历史交织紧密，文化哲学在回答人因何是人、如何成人的过程中，还在探索着文化的自身的发生与发展，明晰人类文化的诸多类型，以及探索随着世界全球化进程的发展人类整体性文化建构的可能性。

　　汤恩比在其著作《历史研究》中曾经对文明下过一个见解深刻的定义，认为文明的根本特征在于能够"自我说明"，在漫长的人的文化史和文明史研究中，文化与文明常常处于一种"相互证明"的状态之中，无论是从器物层面说明文明、从精神层面说明文化，还是将二者不做区分的用法，都可以说是从二者的关系中拓开去的。如果说文明是能够自我说明的，那么文明以什么自我说明，当然是用文化，人们无法不通过食用大自然的可食之物来延续生命，但是对于麦子是做成面包还是馒头则是由文化决定的，文化的自我说明则是通过文化的"元理解"与"再理解"的交织完成的。我们知道，个体是对于文化"元理解"具有先在性，只有个体对于自我感性生命体验有了自我意识，并随之产生"个体化理解世界"的问题才能通过以自身感性生命经验为材料的创造加工形成对于所在世界的"元理解"的理论毛坯，再经由社会交往的发展而使之成为具有社会性认同的文化"元理解"。在形成了对于自身身处的世界的"元理解"之后，文明的第一雏形才得以出现，具有相同"元理解"的人聚集而居，守护一种人的区别于自然之物和他者的价值存在，以原始宗教、图腾等开始同其他人产生区分，这种区分未必是生产实践或者生存实践意义，但一定是价值意义上的，这种价值意义上的创造使得个体以及由其汇集而成的文化共同体用了自己的价值内核，文化类型的差异性由此奠基。无论将文化类型的诞生归于环境、生存实践、生产实践还是人脑机能，都无法说明为何在环境发生天翻地覆改变，人类生存从依靠自然到依靠人化自然的整个历史发育过程中，文化的底层价值依旧坚韧，以之架构的社会底层伦理逻辑依然是社会道德和法律尊重的基本底线，其根源就在于所有的文化"元理解"都来自生命的感性经验，来自现实的活生生存在过的人的悲欢喜乐、四季杂感，一种来自个体生命的共鸣，这也是为何文化的经典可以流传千年历经沧海桑田，亦可以流传域外，在不同的语言环境中散发光芒，其根源都在于这些文化经典都是个体文化存在的经验感受带来的共鸣。所以文化类型的区分，是文化"元理解"的区分，而真正决定"元理解"的分歧的就是现实的个体的文化此在，不同个体此在的差异，就是文化类型的区分的根源，而对于此在的解答，就在于个体的being状态即他的创造，看他以何种生命经验创造，如何创造。

对于文化生成于"元理解"的诞生，而发展则在于现世个体基于自身感性生命经验和文化存在体验而对于文化"元理解"提出基于"个体化理解世界"问题的"再理解"。这种"再理解"正是文化得以丰富和发展的可能，而"个体创造性实践"则是文化自我丰富的动力。文化的"再理解"本质上与"元理解"并无不同，都是一种文化存在，差异在于个体在创造文化"再理解"时，作为前提的对世界的"个体化理解"不再是单单对于自然世界的理解，而包括了对于个体此在所处的"元理解"文化世界的理解，同时个体进行创造的材料也既有个体的感性生命经验又有"元理解"及其展开的文化存在，从这个维度上看，无论个体的"再理解"是肯定和发展"元理解"，抑或是否定和疏远"元理解"，都是对于"元理解"辩证意义上的发展。从另一个角度说，文化之所以能够在"个体创造性实践"中得到发展另一个根源在于个体生命的"绵延"。每一个个体的生命都将在一定的长度上终结，但个体却永远在追求一种超越自身的终极永恒，既要把握永恒世界的真谛，又期寄在永恒世界中找到自我短暂生命的意义与价值，方可安心面对死亡。个体生命前赴后继地在文化的时空中"吐丝结网"，才有经过岁月长河而留下来的文化存在。

现世的人与历史的人都是现实的人，但区别是现世的人所拥有的生命的现实和感性生命经验的主动权，而历史的人却不再拥有生命，也就丧失创造的可能，创造是生命的绵延，丧失了生命，就丧失了创造。现世个体的社会生活全部实践内容、社会交往的全部内容，构成了现世个体的全部现实，文化存在则是他创造的材料和提出"个体化理解"问题的缘起，现世个体以生命表现此在，以创造的历史化彰显自身亦是一种文化历史性的存在。所以现世的人决定着文化的类型和发展转型。

三、何为文化的功能："个体创造性实践"的文化哲学功能论意义

文化的功能为何，即是文化为何以及如何通过符号、象征、语言等塑造和影响人，进而使人成为"文化的造物"。"个体创造性实践说"为文化的功能性存在提供了一种先在性论证，只有"个体创造性实践"存在和发展，才有了文化具有功能性、整体性的可能。文化哲学天然是实践哲学的理论范畴，人如何生成则一定是他所从事的实践塑造而成的，正如马克思在批判吸收黑格尔辩证法思想时认为，在哲学领域，黑格尔做出了一系列的成就，其提出的辩证法，作为推动原则的否定性对人类来说具有划时代的意义，他将人的自我产生看作一个过程，同时对"对象"进行了某种抽象，并将其看作外化和这种外化的扬弃。由此说明，其对劳动有了非常深刻的认识，在此基础上才能得出一系列的科学论断。人在不断追求自我、不断发挥能动性的过程中：人确实显示出自己的全部类力量，只有经过不断地努力，不断地思考和反思，才能更好地实现自我、完善自我①。人只有将自身本质力量对象化后才能在对象之中反观自身，人是对象性存在的类存在物，在文化世界当中，文化符号、文化象征、语言等文化形式都是人对象性创造的文化存在，因而卡西尔能够得出"人是符号的动物"的理论。卡西尔的文化哲学理论是文化功能理念的重要代表，卡西尔认为人区别于一切自然生命的根本原因在于人是一种能够创造和使用符号的动

---

①马克思恩格斯文集：第1卷[M].北京：人民出版社，2009：205.

物，无论是自然科学、社会科学、文学还是艺术等都是人的不同的文化系统，这些系统共同组成了人把握世界存在的方式，因此文化哲学应该将研究主题定为人类创造和使用的符号系统。卡西尔在《人论》当中努力阐释着符号如何在建构着人的生活世界，人又是如何生活在这个符号世界当中的，这个非物质性的文化世界正是以人的活动、人的符号化而编织成社会交往体系，人才能真正拥有在文化世界的主体性和终极追求，"此处需要指出的是，文化形式所指称的是符号形式，从特征上看，这种文化具有历史性和动态性；人类在不断创造，不断实现自我的过程中形成了文化，而文化价值体现了人自由创造的过程，因此人们在进行生产活动时，往往是具有目的性和功能性的。"①"故而，要想回答'人是什么'这一问题，就要先从功能上进行定义，这样才能帮助人类更好地认识自我。"②"在解答什么是人这一问题时，不能形而上学地进行定义；另外，也不能在没有任何经验，未经任何思考的情况下下定义。人的突出特征，人与众不同的标志，不能以形而上学的方式来界定，在对'人'进行理解时，可结合人的劳作（work）来回答这一问题。而正是这种劳作，让人类更加认清了自我并学会发挥自我。故而，一种'人的哲学'可采用以下方法来进行阐述：它能使我们更好地进行创造性的活动并创造价值，同时又能把这些活动理解为一个有机整体"。③卡西尔将work作为符号存在的前提，人的work为何，人即为何，进而人的符号的文化世界即为何，文化世界的对于人的功能性即为何。符号是人的文化创造物，正是在这种文化创造中人展示了自身的自由和能动性，从而创造了异于自然世界的人的文化世界。

---

①张志刚.从理性批判到文化批判——论卡西尔的思想转折[J].德国哲学论文集，1992（02）.

②刘振怡.文化哲学的合法性研究——从卡西尔的符号文化哲学说起[J].求是学刊.2019.05

③[德]卡西尔.符号·神话·文化[M].李小兵，译，北京：东方出版社，1988：107.

第三节 "个体创造性实践"对于中国文化哲学的启示

文化哲学的诞生使得实体性哲学向功能性哲学拓展。康德曾经说过，因为物自体的存在只能靠信仰来把握是哲学和人类理性遭受质疑的关键原因，当文化哲学使哲学研究视域从物自体的世界转向到人的人文世界时，哲学研究进入到一个"功能性整体"的意义世界，"在文化宇宙中宣称有一个绝对存在和实体性是荒谬的"。①个体是文化的先在，个体也是文化共同体的先在，也就是说没有个体的存在，文化不仅不会具有共同体的存在性，更不会具有历史的时间性，同时每一种文化都在影响着个体的日常生活，也就是说个体在践行文化的意义或者说个体在发展着文化的意义。在"个体创造性实践"的本体论维度上，任何形式的文化符号、文化形式，以及文化的"文化宇宙"的全部功能的存在性与同一性都内在包含于此在的个体的，being形态进行的创造活动的结果，文化所构成的这种"功能性整体"就统一于这种创造活动之中。个体的生命现实性构成了这种文化功能性的内在统一性和整体性，个体的感性生命经验虽然不同，但其本质上都是个体自身基于类本质而获得生存性体验，个体的文化存在意义追求使得个体获得了"个体化理解世界"的冲动，进而形成了具有功能性的文化形式存在，这些文化形式存在则在个体生命不断绵延的长河中获得了交织成文化宇宙的可能。所以说"个体创造性实践"为文化形式的功能性提供了存在性与时间性，没有"个体创造性实践"就没有任何具有功能性意义的文化形式存在，同时没有"个体创造性实践"就不会有文化的形

---

①[德]卡西尔.符号·神话·文化[M].李小兵.译，北京：东方出版社，1988：24.

式，也不会有文化的历史。

就中国文化哲学本身来说，中国文化的发展走向还要面向文化存在个体本身获得它的存在意义。无论中西方何种文化形式仅仅是趋向文化"创造性实践"本身的一种时间性上绵延的过程，及其所表现的不同历史阶段的不同显现方式。中国当代的文化哲学建构只有通过"个体的创造性实践"这一文化"此在"的"操持"和"牵挂"才具有了可理解的文化"存在"意义。因此，人作为文化创造者和各种不同文化存在者的文化对象性表达，具有为不同文化问题寻求文化意义的功能，是一切文化问题的释义者和解释者。个体通过他的"创造性实践"解释了不同文化世界的存在意义，也把存在的意义通过此在这一文化现象赋予了其他存在者[1]。对于中国当代文化哲学的发展而言，首先应探讨的是中国的"个体创造性实践"何以可能、有何经验，又面临何种异化的问题。

---

①李金辉.海德格尔现象学：一种文化哲学的反思[J].天津社会科学，2014（01）.

第四章　中国优秀文化的"创造性实践"经验

中国作为世界上唯一文化没有中断的国家，在漫长的文明发展史中，这里是诗的国度，无数青山远黛、枫落蝉寒、长亭送晚、才子佳人描写着人间的炫美；这里也是讲求实用的国度，也有无数悲天悯人、立己立人、存身存人的治世之学；这里也是文化交融灿若星汉的交汇处，充满着无限的包容胸怀；这里也有存天理灭人欲的修罗道场。中国文化在漫长的岁月里，始终体现出了一种张力，这种张力是生命的张力，是一种生命之美，而这种美抑或者是诗化生存的状态来自中国文化中不断产生的关于生命之美的经典传达。在岁月中发现这种生命之美，就必须发现中国优秀文化中的"创造性实践"经验。

第一节　中国文化哲学"集体—个体创造性实践性实践"的经验

同西方一样，中国文化的"创造"也走过了一条从"神创"到"人创"、从"集体创造"向"个体创造性实践性实践"过渡的发展之路，在这个过程中"集体创造"回答了一切关于世界之所以如此的问题，也构成了中国文化中的"元理解"，奠定了中国文化的价值底蕴。随着时代的发展，个体逐渐掌握了文化的创造能力，开始在文化中洞见自身，将自身"个体化理解世界"①的问题作为前提，将自身的感性生命经验和现有文

---

①吴炫，刘云龙.创造的本体：个体化理解世界[J].江苏行政学院学报，2020（04）.

化资源为材料，生成"个体化理解世界"的文化创造，个体的自由创造与个性创造使中国文化呈现出缤纷多彩的文化样貌。

一、盘古、三皇作为中国文化创造神的传说

人类文明的发育总是和对于所处世界的惊异密不可分，古希腊人仰望星空的哲学起源也正是源自于此。在中国由于史官文化的早熟，上古神话被斥为"怪力乱神"而被"圣人"所裁，但零星保留在中国文化早期典籍中的上古神话还是向我们展示着中国文明伊始时的大致文化风貌。哲学首先是对于世界何以可能的理解，中国的神话也同其他文明古国的神话故事一样，都有着"创世"的神话，从这个角度来说，中国人最初对于世界的认识即是从"创造"开始的。

关于中国的"创世"神话，盘古开天地最具有代表性，同时也最具有"创造"性。盘古被视为华夏民族开天辟地之神，有"自从盘古开天地，三皇五帝到如今"之说。关于盘古叙述我国在很早时期就已经有了论述，而最早是出现于唐初《艺文类聚》，通过该资料，我们可以对盘古其人其事进行更为全面的了解①。在我国，盘古"开天辟地"是童叟皆知的神话，但是对这一行为最详细且最早的记载见于《开辟衍绎》第一回，其中对盘古做了最详细的阐述："将身一伸，天即渐高……自是混茫开矣。"②这让我们领略到了盘古所做的壮举。《开辟衍绎》附录《乩仙天地判说》之中，对其行为更是做了更形象的描述，在该书中，将天地合闭比喻为"大西瓜"，其中还记载了一些"上古时期"才可能存在的现象，比如"五色祥云""五色石泥"等。由于我国保存的历史资料有限，对于盘古其人其事的最早记载虽难以求证，然而能够断定其最晚在明代就已经

①袁珂，周明.中国神话资料萃编[M].成都：四川省社会科学院出版社，1985：6.
②袁珂，周明.中国神话资料萃编[M].成都：四川省社会科学院出版社，1985：8.

形成了。在道教中，盘古以真人的形象出现，葛洪所撰的《元始上真众仙记》中就有了详细的记载："昔二仪未分，暝滓鸿蒙……旋回云中。"[①]关于盘古开天辟地的神话传说有很多争论，吕思勉曾在1939年所著的《盘古考》中通过考证，证明了盘古故事实则是印度神话的变种，亦有人因盘古故事最早见于三国，而"开天辟地"则最早见于明初，认为"盘古"为后世所托作。我们姑且搁置这些文献学的争议，从盘古"开天辟地"的故事中我们可以看到什么呢？我们清晰地看见中国古人对于人类文化社会诞生的认识——一切都源于"创造"。

盘古的"开天辟地"是一种"无中生有"的过程，即是一种"创造"，这种"创造"不仅使所处的世界获得了新生，也使自身获得新生，他不仅同天、地一起处于混沌之中，并在混沌中生长。同时也因为他的"创造"使得"天"成为"天"，"地"成为"地"，盘古也在这一瞬间拥有了自我的定位，从"混沌"之子变成了"澄明"之子。在盘古创世的神话中，我们可以看见中国古人从一个类人性的英雄形象中提出世界来源的回答。盘古可以是天地之子、大道化身，但他终究没有摆脱人的形象，在开天时手握"斧凿"，以近似"人工"的方式而非以某种神秘主义力量打开了混沌的天地，盘古的形象背后可以看到千万人手执斧凿前赴后继开山取石头、刀耕火种的身影，可以说盘古是一个古老农业文明国度开山涉水建设文明的缩影。囿于个体时空的有限性，无法直面过往种种，但是盘古虽然身化万物，但其有生有死的生命特征更具有"人性"而非"神性"。所以盘古开天地是一种中国人对于大千世界出现发展始于"创造"的一种理解，盘古的出现不是个体的"创造"行为，恰恰是一种以"人"为集体创造的过程。在这个"创造"过程中，

①张宇初.清河内传·腾六·元始上真众仙记[M].上海：上海涵芬楼影印，1923：17.

人对象性地出现在世界面前，人通过"创造"使自身澄明，也使得世界随之澄明。盘古作为"创造神"也赋予了"创造"以无限的价值定位，因为"创造"产生了这个世界。

"三皇"也是中国创世神话重要组成部分，对于"三皇"的具体指代有多种说法，比如：天皇、地皇、人皇。有学者则认为，"三皇"包括天皇、地皇、泰皇；在春秋时期，有人指出"三皇"包括伏羲、神农、女娲。其中与盘古开天地相关联的是天皇、地皇与人皇的说法，后世对"黄三"有不同的解释，但这里说的就是皇帝、黄帝、黄仁。这三者同时出现在《三五历》的"神话"中。刚开始三个是一个，像个鸡蛋。8000年后，这种混乱开始分裂，然后分成不同的层，最上层升入天空，成为皇帝。最下层沉入地下，成为地黄；而在混沌之处，盘古诞生。在天、地开始形成的过程中，盘古也逐渐长高，成为"黄三"的一员，也就是黄仁。理解这个神话非常重要，那就是"在那之后还有黄三"，这直接而明确地说明这段话的本质是解释黄三的起源。而通过历史资料发现，相对来说，《五月运动历》对盘古诞生的认识更加清晰，文字直接点出了天地，它是由生命力形成的："生命力无边，开始萌芽。然后它划分世界，建立宇宙。""五历时代"中"天地混沌如鸡"被"元气孟虹"替代，在这一句中"孟虹"与"如鸡"具有具象直观，然而又因为有一个"从"字，让现代人了解到在上古时期"天""地""人"是如何形成的。通过分析历史资料可知，阴阳分化为天地，同时又逐渐形成人。《阴符经·三皇玉诀》中对"三皇"进行了记载，在该书中可以看到黄帝与广成子、天真皇人的对话。皇帝问二人什么是"天皇"。广成子回答道，天皇就是"混沌之始"。同时又问什么是帝皇，天真皇人回答道，帝皇就是"洞神真境真皇之祖炁也"。皇帝又问什么是人皇，广成子回答道，人皇就是"仙境主中元人皇之祖焘也"。①

盘古神话讲的是三皇五帝和阴阳两气的关系，阳在天，阴在地，阴阳都是一种气化的形式，气化了人的各种外层。相比之下，在各种外层中，人处于一种同时形成于帝与帝（阳）和地（阴）的外层中。这里说的那个"天地之间的皇帝"和盘古生长在天地之间是多么的相似。盘古神话反映了中国古代的阴阳学说，其对华夏人产生了非常深远的影响。最具代表性的作品是《易经》。通过阅读这些作品可知，在早期人们就开始了对人本身来由的探索，在当时的人眼里，这不是神话。当然这种认识具有非常大的局限性。神话其实是一门被后人否定的哲学，它有它存在的合理性但并不科学。不同的时代，人们对人类本身进行了不同的探索，并试图用自己的知识结构去解释一些未知的东西。这在某一时间段内可能会被认为是真知，然而后人在发现真实的本质后，仅仅会将这些学说当成故事。在我国，经过长时间的文化积淀，提出了以下几类学说：遮蔽天说、浑天说等。天文学家无法考证玄野形成的年代。据传说，它起源于商朝。这个理论认为没有坚实的天空，天空没有形状或边界，起源于战国时期的浑天说。张衡作为我国有名的学者，著有《浑天仪图注》并在该书中做了相关的阐述，书中写道："浑天如鸡子……载水而浮。"②该学说在当时与盘古神话有类似之处，即二者均用鸡蛋来描述浑天的一种模式。但二者有本质上的不同：它主张天空大于大地，大地被包裹在中间，就像蛋壳包裹蛋黄一样。该学说认为，天与地是截然分开的，且天空充满了水，天空被空气支撑着，且天空和大地处于不同的层。盘古神话所体现的思想是最接近"改天说"的思想，"改天说"形成于周代。这种想法不仅局限于少数天文学家，而且在人们当中也非常流行。起初说地面是平的，是方形的，天

---

①顾颉刚.古史辨自序[M].石家庄：河北教育出版社，2000：117.

②何新.诸神的起源[M].北京：光明日报出版社，1996：225.

空像锅盖一样盖着地面。在早期，由于受到技术条件的制约，人们以非常片面的方式对天地的形成进行解释，而盘古神话所表现的是"改天"思想。但是也可以看到，"天地说"只是一种通过想象形成的学说，因此还不能将其称为科学理论。而盘古神话在早期成为一种主流的意识形态，而在当时的时代背景下，被用于解释天地的形成是很自然的。

无论是盘古开天辟地，还是天皇、地皇、人皇抑或是救世的伏羲、女娲、神农，我们可以发现这些原始的"创世神"都曾是"创造力"的化身进而形成了中国人早期的崇拜对象。这些"文化超人"都是中国早期文化宇宙观的缩影，这些神以"创造者"的身份进行"创造"，他们成为中国自身"创造精神"的开端[①]。通过"创造"进而奠定了人在世生存的世界，和人不同于其他动物的根源，是中国早期先民对于世界的一种"集体创造"，可以清晰地发现，"创造"最早是一种神圣的词汇，与阴阳之气相感，与大道之幽微相合，不是人之力所能匹及，只有"创造神"才拥有非人的能力，人以创造物的身份出现，表达自身对于"创造神"的"创造力"的崇拜。可以说在中国文化源头时期，中国神话的繁星闪现是一个充满"创造"的世界，一切"从无到有"，人也"从无到有"，所有的文化历史存在都指向了"创造"。

二、《周易》中的中国文化哲学"元理解"的创造

《周易》的出现，可以说使中国文化哲学拥有了真正的依托，不仅仅是因为《周易》以一种具有象征意义的文化符号出现，关键问题在于《周易》系统表达了一种中国文化对于世界的"元理解"体系，展示了中国文化底层深处看待世界的文化视角，也昭示了真正塑造中国人的文化走向，

①吴炫，张丽峰.文学经典的批判创造性解读[J].湘潭大学学报，2021（03）.

"三易"的诞生表达着中国古老文明能够"自我说明"的现实性可能。更为关键的是，《连山》《归藏》《周易》进行创造性转化的不是人的想象，而是人的现实的感性生命经验，也就是说它们代表着中国先贤对于人生、世界的文化哲学思辨，提出了对于人类世界的本民族的"个体化理解"，从而奠定了中国人文化性格的基调。

人对于肉体、生命感性经验的主体性集中表达在作为文化开端的对世界的"元理解"①上，这是人对于"我是谁，我在哪里"这一问题的追问，体现在人以自我的肉体感官去观察世界、认识世界，继而表达自身之中。"元理解"的起点是人肉体的自身存在，它的终点是人眼中的世界，在这个文化空间中，身体所感觉到的秩序，构成了"元理解"基本内容，也提供了解释"元理解"的方式，人肉体的感性生命经验提供了生死世界差异的生命体验、提供了快乐与悲伤、幸福与灾难的情感体验，也提供了构建神性和宗教神性体验。

人的生命主体性体验是群体对于生命体验的基础，对于生死世界是人必然经历的现实自然过程，在这个过程当中人是唯一的主动者，同时也是唯一的受动者，可以说整个生命过程，对于他者而言只能是旁观者，人在整个生命过程中，始终处于一个向死而生的过程。生死过程是人作为一个自然性存在的人的必然，如何理解生死就成了区别人自然性与社会性的一种标志。对于生的珍视在人类早期的关于生殖崇拜的各种遗物中表现得淋漓尽致，生命从生殖开始，生殖意味着生命的开始，这些原始图腾要么是放大的男根女阴，要么是人生活中目力所及的具有强大生殖能力的动植物。图腾作为一种固定的部落文化符号出现，创造它的不是集体的劳作，也不是类的需求，而是人对于生命诞生的一种本能性的喜悦，也是性爱的

---

①吴炫，张丽峰.文学经典的批判创造性解读[J].湘潭大学学报，2021（03）.

快感体验，是人的生命体验诞生了图腾，这种图腾所象征的生命力正是人面对生命本身欣喜的一种表达。对于死而言，人的感性生命体验是从如何处理其他人的尸体开始的，在自然界中动物的尸体是一种对于同类动物或异类动物的食物性方式存在。一些考古资料表明，穴居时代的原始人已经开始处理尸体，不是丢弃或者食用，开始赋予尸体以一定的意义，进入文明的早期，如何处理尸体成为一种宗教色彩极为浓厚的仪式，死者的世界在被生者想象着并构建着。在中国早期人死厚衣以葬之，通过考察英德青塘遗址的蹲踞葬，我们了解到，在很早以前，当地的人便有了墓葬礼制。这说明这一时期已经出现了"墓葬"的意识，在这一时期，墓葬处于初期阶段。后来，人们的自主能动性得到了较大程度的发挥，在这一时间段内，出现了不同等级的分葬，即墓葬的制度观念开始形成。①《易经》中"离卦"云："九四，突如，其如来，焚如，死如，弃如。六五，出涕沱若，戚嗟若。"②此种记载可做两面解释："一谓人或为火焚死，弃尸原野，故其家人涕沱戚嗟。另一种解释，或为'死如，焚如'之倒误，死而焚之，是火葬也。火葬习惯创自巴比伦，演而为波斯火教，遂盛行于印度。《梨俱吠陀》云，'火葬者以野羊与死尸共烧之。'……至于我国《墨子·节葬》即有'秦之西有仪渠之国者，其亲戚死，聚柴薪而焚之，熏上，谓之登遐'说。《吕览·义赏》亦曰'氏羌之民，不忧其系累，而忧其死之不焚也'。泾渭以西，陇坻居民，晚周之际，亦盛行火葬风俗；则《周易》所谓'死如焚如'决，为周初举行火葬典礼之记载。周以火葬为大典，大异殷人'型棺椁'，厚衾敛矣。"③对于死的认识是和对于生的体验并行的，文化赖以形成的"元理解"中，人对于生命的生死经验构

---

①杨坤雨，赵鑫.浅析中国古代墓葬艺术——以秦始皇陵为例[J].大众文艺，2020（05）.
②周易译注[M].黄寿祺，张善文，译.北京：中华书局，2016：222.
③丁山.古代神话与民族[M].北京：商务印书馆，2015：193-194.

成了对于生命的基本认识，即对于生命的珍视，并且不希望生命因为死亡而终止，而是希望生命以另一种形式存在，死后世界的构建是与人现实生命世界的构建相一致的。在生死维度上，人的生命建构了文化"元理解"的根本，没有人对于生命本身理解的主体性，文化就无从谈起。

人对于感性情感的主体性体验构成了文化"元理解"的情感经验基础，没有人对于情感的真实感受，文化就不会具有情感性的色彩。我们在早期中国以及西方先民所留下的众多文化遗存中，能够十分强烈地感受到一种情感体验，这种跨越千年的共鸣实则来自人丰富的感性情感经验。快乐、痛苦、幸福、苦难、这些词汇表达的是一种基于人性的共同的情感感受，没有人自身的经历，就无法真正领会词义。在古希腊的神话中，我们可以清晰地发现神与人都是为了实现自身的快乐和幸福，从自身出发惹出来诸多故事。特洛伊战争的金苹果事件，归根到底就是女神们作为女人爱美与善妒一面而惹出的事端，同时海伦的美貌也使整个特洛伊大地处于战火，无论交战的哪一方都没有将战争的责任归罪于王子与海伦的爱情。再比如天神宙斯，以一个多情而又惧怕妻子的男人形象出现，一方面利用神力与女神、女人发生罗曼故事，另一方面不得不防备着善妒的天后赫拉。男人、女人的情感需要成为诸多事件的导火索，不仅诞育天神、神性的人也招来战争与灾难。奥林匹斯山上的诸神并没有理性地各司其职，反而被与凡人一般无二的情感驱使着，追求人的情感体验的丰富与圆满成为神的真正追求。反观中国，甲骨卜辞是对于神的旨意的卜问，其中广泛留存着对于吉凶的追问，"吉，善也，从土口"[①]"凶，恶也，吉之反"[②]。在《易经》中，我们最常见的也是"吉"与"凶"的定义，如"坤卦"："元亨，利牝马之贞。君子有攸往，先

---

①许慎.说文解字[M].北京：九州出版社，2001：76.

②许慎.说文解字[M].北京：九州出版社，2001：410.

迷后得主。利西南得朋，东北丧朋，安贞吉。"①"从六五。黄裳，元吉"②；"蒙卦"："九二。包蒙，吉。纳妇，吉。子克家。"③"六五。童蒙，吉。"④；"需卦"："有孚，光亨，贞吉。利涉大川"⑤"九二。需于沙，小有言，终吉。"⑥"九五。需于酒食，贞吉。"⑦"上六。入于穴，有不速之客三人来，敬之终吉。"⑧"讼卦"："有孚窒惕，中吉，终凶。利见大人，不利涉大川。"⑨"初六。不永所事，小有言，终吉。"⑩六三。食旧德，贞厉，终吉。或从王事，无成。"⑪"九五。讼，元吉。"⑫"师卦"："贞。丈人吉，无咎。"⑬"九二，在师中，吉无咎，王三锡命。"⑭"六五，田有禽，立执言，无咎。长子帅师，弟子舆尸，贞凶"⑮；"比卦"："吉，原筮，元永贞，无咎。不宁方来，后夫凶。"⑯"初六。有孚比之，无咎。有孚盈缶，终来有它吉。"⑰"六二，比之自内，贞吉。"⑱"六四。外比之，贞吉。"⑲"九五。显比，王用

①周易译注[M].黄寿祺，张善文，译.北京：中华书局，2016：21.
②周易译注[M].黄寿祺，张善文，译.北京：中华书局，2016：27.
③周易译注[M].黄寿祺，张善文，译.北京：中华书局，2016：46.
④周易译注[M].黄寿祺，张善文，译.北京：中华书局，2016：48.
⑤周易译注[M].黄寿祺，张善文，译.北京：中华书局，2016：51.
⑥周易译注[M].黄寿祺，张善文，译.北京：中华书局，2016：54.
⑦周易译注[M].黄寿祺，张善文，译.北京：中华书局，2016：56.
⑧周易译注[M].黄寿祺，张善文，译.北京：中华书局，2016：56.
⑨周易译注[M].黄寿祺，张善文，译.北京：中华书局，2016：58.
⑩周易译注[M].黄寿祺，张善文，译.北京：中华书局，2016：60.
⑪周易译注[M].黄寿祺，张善文，译.北京：中华书局，2016：61.
⑫周易译注[M].黄寿祺，张善文，译.北京：中华书局，2016：63.
⑬周易译注[M].黄寿祺，张善文，译.北京：中华书局，2016：65.
⑭周易译注[M].黄寿祺，张善文，译.北京：中华书局，2016：67.
⑮周易译注[M].黄寿祺，张善文，译.北京：中华书局，2016：69.
⑯周易译注[M].黄寿祺，张善文，译.北京：中华书局，2016：72.
⑰周易译注[M].黄寿祺，张善文，译.北京：中华书局，2016：74.
⑱周易译注[M].黄寿祺，张善文，译.北京：中华书局，2016：75.
⑲周易译注[M].黄寿祺，张善文，译.北京：中华书局，2016：76.

三驱，失前禽。邑人不诫，吉。"①在《周易》的这些卦辞中，我们可以清晰地看出评判一件事情的结果：利、无咎、中吉、贞吉、不力、凶、终凶。在这些判词解释中，是以一系列感性的经验为判断的，是以人在现实的生活中，所见所闻以及与之相关的感情感受为基础的，吉与凶就是快乐感受、幸福感受以及相应的主体性积极感受和悲伤、痛苦、失落、挫败等相应的主体性消极感受相关联的，情感体验演化为了对于事件评判的标准，带来一定程度快感的体验化而为吉，反之则化而为凶。在中西方的"元理解"中，人感性的情感体验，他的感情、他的欲望起到了构建价值底层判断的作用，在一种无逻辑的现实体验中，迁越出了一种思维模式，在这种思维模式下什么是"对的"的文化问题从人的主体性中诞生出来，并且影响至今。

三、先秦哲学的个体哲学创造走向

先秦时期诸子百家争鸣，开启了中国文明史上的"轴心时代"，在这个思想空前繁荣的时代里，无数思想家先后登场，将充满着自身个体化色彩的"治世之学"传扬给当时的人。他们或游学或郊游，或登坛设讲或游说诸侯，诸子都相信自身的思想是对于这个纷乱无尽的世界的真正认识，都是关于世间万物的真理。百家之所以能够争鸣，而不是一言堂，原因恰恰在于诸子的学说有着鲜明的"个体化"色彩，无论是相互攻讦，还是以文论战，都是以自己的方式"出招"和以自己的方式"接招"，"个体化理解世界"从而形成自身的哲学创造是百家争鸣、诸子繁盛的关键。反观之后中国文化，在儒道文化和大一统帝国的双重钳制下，即便是争鸣，也是儒家以朱子攻阳明，以心学攻理学，始终没有超脱出儒道文化的框架，

①周易译注[M].黄寿祺，张善文译.北京：中华书局，2016：76.

进而百家争鸣所表现出的恢宏的文化创造景观就再未出现。

先秦时期已进入了哲学思辨时期，这一时期，人们对于自我意识的思辨已经上升到了另一个高度，许多哲学家开始从哲学角度探讨个性与自然问题，这些思想对后人产生了较大影响。总的来看，道家和儒家都重视人的人格修养，并提出一系列自我提高的方法。而道家所追求的是人格的独立和人格精神的自我完善，人格精神是一种不受一切约束、自由发展的人格。其与儒家所持的观点各异，它忽略了人们的社会责任和道德规范，从不同的角度展开了研究。在老子看来，自然是完全自由的，不受任何约束。所以老子以自然为一切的准则，要求每一个个体都向自然之道学习，而不是踩在人的浪尖上，踩在风俗的尘埃上。"我独异于人，而贵食母"。从那时起，老子开始关注人的本质，并将所思所想记载于书中。在他所处的时代，人们普遍不重视自身修养，因此他主张"五色令人目盲；五音令人耳聋，五味令人口爽"等观点[1]，要求人们回归自然。"夫物芸芸各归根，归根曰静，静曰复命。复归曰常，知常曰明。不知常，妄作凶"。[2]任何事物都属于它的本性，人也是如此。这种性质就是人的独立性，即完全自由、无所依靠的人，也就是强调人实现自我价值的重要性。老子提出"虚静"，并将其视为人类的重要修养，确实非常伟大。只有"虚静"，才能没有欲望，没有欲望就不会纵想自己的个性，对社会的危害如同桀纣一般的人也不会出现。自然，"空静"则是人没有需求，没有需求可以避免受辱受害。在老子看来，人与自然是统一的整体。但是，事实上人与自然既是相对独立又互相关联的。他并不主张人格突破这样的压抑，而是主张要通过学习自然规律来避免这样的压抑。因此，他要求人们身心纯洁，要"清空他们的心，稳固他们的肚子，削弱他们的骨强"。这

---

①南志刚.浅论先秦诸子对个性的认识[J].淮南师专学报，1988（02）.

②诸子集成：第3卷[M].北京：中华书局，1954.

实际上需要抛弃社会的"志"和"心"。就连《老子》中的"利"也从不同的角度进行了解读，即：人要取永恒之利，弃社会之利。同时也强调人们在追逐利益的过程中，要"少私寡欲，绝学无忧"。第一个"利"是自然给予人的。人只要放弃智慧，遵循自然之道，就会造福自然。这种好处是永恒的，应该得到。第二个"利"是一般人所说的功利主义，即墨子的"兼相爱，交相利"。老子认为这种利益是贪婪的，是人们不配拥有的肮脏的社会希望，所以我们应该放弃。老子强调自然属性，即从自然的角度出发来诠释人格意识。但是，他也强调了人的独立性，并就这种独立性展开了论述，同时肯定了人格最重要的组成部分。老子的"以柔为怀"和孟子的"以正为尊""浩然之气"充分体现了他们各自的长生观和政治观。"做人要柔软，做人要公正"。这是因为老子看到了当时社会上存在很多问题，而这些问题难以在短期内得到解决，只能回归教育，要明智，要保全自己人格的独立。因为道家肯定人格的独立价值，故而随着时间的推移，人们对自我有了新的认识，这就出现了道家的衰落，每一次人格的复兴也往往伴随着道家的复兴。

孔子也重视人的人格培养，并将相关理论记载于《论语》中。他的思想与老子的思想有一定区别，儒家很少关注人的独立人格，更多的是对人的社会责任进行论述。但孔子之所以区别于老子，根本原因在于自身对于社会问题的认识，他认为人最重要的修养是仁、义、孝、信。在《论语》中，他多次论述了人类在家庭和社会中的道德规范。孔子认为孩子应该孝顺友爱，像父亲和兄弟一样善良；作为臣民，他们应该忠于国王。国王服从天道的命令，人民服从天道的命令。因此，臣民应该忠于国王。而王公要仁，这样君臣一心，才能确保国家的长治久安。通过自我修养的调节，君主和臣民都能够维持自己的生活水平，发挥自己的能力。从这个角度来看，孔子和老子所追求的和谐具有较大的差异性。老子认为，人是构成社会的细胞，应当在生活中遵循自然之道，实现自我完善，只有这样，人才能避免误入歧途。孔子建立的和谐，与老子所指的和谐几乎是相对立的，其主要是从等级制度出发，因此这种思想具有明显的时代特征。而孔子建立在统一社会秩序基础上的和谐是以等级制度为基础，以中庸思维方法将人格与社会统一起来。他的统一受社会秩序的支配，人格的"发展"只在社会秩序允许的范围内被允许。没有社会，人格就不存在。社会要发展，就必须对人格进行适当的限制，防止夏桀、商周等人格扩张主义者的出现。但是，孔子强调的是维护社会秩序，他对人提出了太多要求，这具有明显的时代特征，局限性较大。从社会发展的角度来看，只有每个人都能实现自我，并进行自我完善，社会才能进步，儒家的思想则禁锢了人的思想，这是不利于社会发展的。

从儒家与道家对于个人的态度中，我们可以清晰发现，针对同样的社会现实，中国古代文化的两大文化结构在原初建构时几乎是全部截然相反的，究其原因则只能从孔子与老子自身上进行探讨了。孔子与老子的人生经历中都有对于当时战乱世界的认识，但也有自己独立的感性生命经验，而这些相似的认识和差异性的生命经验，升华为哲学思想后却具有了完全相互排斥的哲学个性。从儒家、道家为代表的哲学"创造"活动中，我们看到了中国文化哲学有了来自个体哲学的明确支撑。如果说创世之神完成的是对于"创造"力的惊异，那么以周易为代表的文化"元理解"则是将"创造"之力转化到了作为群体的人的手中。至先秦诸子的时代，文化的"创造"之力则从群体之手转交到个体手中，个体的"创造"一时间使得文化迸发出此前从未有过的精彩，自此中国文化的发展和丰富，就从"集体创造"而走向"个体创造性实践性实践"。

第二节　中国文学经典"个体创造性实践性实践"
的经验内容

　　中国是诗的国度，在中国自身的文化"元理解"催生文字之后，中国文化的绚烂多彩则由文学来承载，与此同时对于现代哲学意义上的理论著述对于中国古代先贤而言并不多见，但文学在中国文化史上的地位则是无可匹敌的，所以曹丕曾有"盖文章经国之大业，不朽之盛事"①的说法。从另一个方面来说，文学的出现，代表着一个文化世界的真正出场，文学是真正的属于"自由的有意识"的"创造"的结果，文学是中国人在超越自然性上为自己建构的属于自身的文化宇宙。从中国历史上来说，治隆唐宋盛世必由文兴鼎盛之时，每当社会生活呈现出无限活力的时候，文学的兴盛必然随之而来，当社会陷入停滞时，文学就会变得毫无活力，老气横秋。在中国文学的整个发育中，也呈现出从"神创"走向集体的"人创"，再从"集体创造"走向"个体创造性实践性实践"的脉络，在中国的文学经验里，人的生命力、感性生命经验以及对于文化的"元理解"与"再理解"交织在一起，文学成为中国人本质力量对象化的"结果"，在文学的海洋里保留着扬弃当代文化异化的宝贵资源。

一、《山海经》：生命力与中国文化实践的自强不息

　　在中国文化的源头世界里，《山海经》有着一种永恒的浪漫主义色彩，《山海经》里蕴含着中国古代文明诞生时对于世界的认识，里面广泛记载了四方地理、风土人情、物产资源和历史来源，展示着那个"绝地天

---

　　①郭绍虞.中国历代文论选[M].上海：上海古籍出版社，2001：159.

通"之前"人神杂处"时代的世界面貌。与此同时，《山海经》中记载着
的神话故事，成为中国后世文学创作恒久的资源，在其中对于个体生命力
的珍视和歌颂洋溢在字里行间，这种生命力的体现就是尊重生命的尊严，
生命的自我延展，歌颂生命面对压迫与死亡的反抗，这种对于源自于生命
自然平等而反抗外在压迫的思想在《山海经》所描写的一系列具有反抗性
的神话故事里体现得淋漓尽致。

原始社会初期，先民对神的反抗主要体现为对征服自然的渴望。如我
们所熟知的夸父逐日。《山海经·大荒北经》记载："大荒之中，有山名
曰成都载天。有人珥两黄蛇，把两黄蛇，名曰夸父。后土生信，信生夸
父。夸父不量力，欲追日景，逮之于禺谷。"①《山海经·海外北经》有
载："夸父与日逐走，入日。渴欲得饮，饮于河、渭；河、渭不足，北
饮大泽。未至，道渴而死。弃其杖，化为邓林。"②可见，夸父是炎帝的
后裔，而后土是共工的儿子。夸父想和太阳赛跑，离太阳越近，他就越
兴奋。他渴了，喝了黄河和渭河的水，但他仍然不满足。他转向北方喝
大泽水，走之前渴死了。他死的时候扔掉了手杖，变成了邓林。《山海
经》中关于夸父的记载并不多，很难猜测其背后的动机。有人认为夸父追
太阳是为了取火，也有人认为夸父追太阳是为了驱走黑夜和寒冷。这些
都是猜测，无法验证。但是，我们可以根据材料做出一些推论。夸父正
在远离太阳，在太阳下变得越来越热，热的时候喝河水，河水又干。从
"热""渴""干"可以推断，当时的气候炎热干燥，已经影响了人们的
生存和发展，使人们想要摆脱灼热的高温。夸父对太阳的追求意味着人们
以无意识的方式表达了对抗酷热的意愿。夸父终于倒下了，但他手中的手
杖变成了树木，仍然为人们遮风避雨。这也是一场与自然的斗争，精卫的

---

①袁珂.山海经全译[M].北京：北京联合出版公司，2016：237.
②袁珂.山海经全译[M].北京：北京联合出版公司，2016：179.

反叛精神也是史诗般的。《山海经·北山经》记载："发鸠之山，其上多柘木，有鸟焉，其状如乌，文首、白喙、赤足，名曰精卫，其鸣自。是炎帝之少女名曰女娃。女娃游于东海，溺而不返，故为精卫。常衔西山之木石，以堙于东海。漳水出焉，东流注于河。"①炎帝的女儿在东海游玩时淹死了。她死后，变成了一只名叫"精卫"的鸟。她经常用西山的石头或小木头填满东海，试图填满夺去她生命的大海。陶渊明有诗："精卫衔微木，将以填沧海。"精卫的力量虽然很小，但它的战斗意志比大海的宽广更深刻，更令人钦佩。在《山海经》的神话故事中，具有反抗神形象，最能体现"威武不能屈"意志的，非刑天莫属。《山海经·海外西经》中有载："形天与帝争神，操干戚以舞。"②有学者认为，刑天与帝争体现的是部落之间的冲突，炎帝与黄帝分别属于不同的族群，刑天属于炎帝部落，而炎帝在与黄帝的战争失败以后，刑天仍旧奋起反抗，虽被斩首，但仍以乳为目，以脐为口，不断抗争，足见其坚忍不拔、顽强不屈的反抗精神。而袁珂也认为壮烈感人的刑天断首神话可以看作黄炎战争的神话余绪。③陶渊明在他的《读山海经》中说"刑天舞干戚，猛志固常在"，刑天这种对于失败的不屈服，和为了追求胜利舍生忘死的气概让人着迷。作为失败者，刑天并没有选择放弃，而是选择将自身全部力量孤注一掷，这种坚韧不屈就是刑天跳动活跃的生命力。④除了英雄在部落斗争中的勇武表现，还有反抗统治者的故事出现。比较有代表性的就是"鲧禹治水"的故事，《山海经·海内经》记载："洪水滔天。鲧窃帝之息壤以堙洪水，不待帝命。帝令祝融杀鲧于羽郊。鲧复生禹，帝乃命禹卒布土以定九

①袁珂.山海经全译[M].北京：北京联合出版公司，2016：69.

②袁珂.山海经全译[M].北京：北京联合出版公司，2016：69.

③袁珂.中国神话史[M].上海：上海文艺出版社，1988：31-32.

④常亚宾.浅论《山海经》中的反抗神[J].美与时代，2021（07）.

州。"①"鲧禹治水"所反映的正是许多古老文明神话中普遍存在的"大洪水"的历史记忆，在这场洪水中，鲧所见的是万物疾苦，而天帝有"息壤"而不作为，没有等到天帝的命令就以盗窃的方式将"息壤"带到人间以平息洪水，鲧窃"息壤"与西方世界普罗米修斯盗"天火"一样，都将天上的神力带给了人间。虽然鲧被火神祝融杀死，但却从他的尸体上重生了大禹，最后大禹顺天应人作为鲧的"再生"，大禹完成了他的使命。

《山海经》中源自于自我强大生命力而延伸出的执着与反抗，虽然往往以悲剧形式上演，但却始终最能拨动人的心弦，这些反抗形象或为生而赴死（夸父），或为死而求生（精卫），或以生搏死（刑天），虽然都是以失败者的形象出现，但这种失败却是不留遗憾的失败。进而我们发现在《山海经》中对于这些英雄似乎存在着"偏爱"，以至于这些悲情英雄普遍都具有"重生"的特质，即反抗神会以某种再生的方式延续自己的斗争意志。如夸父逐日而亡，为了对抗炎热的天气，其杖化作邓林，为人们遮阴蔽阳，驱赶炎热，重生的邓林显示出夸父的斗争意志；精卫死后化鸟，衔取微木细石，誓要将东海填平；刑天断首，以乳为目，以脐为口，持续进行抗争；鲧身死羽郊，却腹中生禹，后治理洪水平定九州。最初的再生思想可能源于原始先民生死转换、死而复生的物化观念，幻想死后幻化成其他事物，反映出先民与自然万物浑然一体的宇宙观。当先民对生死的理解投射集中于反抗神话中，此时的人们想要表现的就不再是对生死的简单理解，而是比生死更崇高的境界，即表现出不妥协、顽强斗争的反抗精神。正如有学者评价："原始生命被摧毁时，人们并没有因此而变得缺乏斗志，相反却以更高的热情来迎接挑战，这种情况下，就出现了浪漫主义精神，它引领着人们不断走向成

---

①袁珂.山海经全译[M].北京：北京联合出版公司，2016：289.

功。"①

"中国最古老的文化不是黄帝建立的伦理秩序的文化，而是创造世界、创造天文、创造农药、创造中医、创造钻木取火、创造兵法和刑法的文化，到《山海经》就成为尊重生命和生命力的文化，然后在民间散落成'乐府民歌''汉高唐赋''四大戏曲''四大名著'等。如果我们从批判与创造性思维方式来看，自然就会发现中国文化原来还有这么一条从盘古开始一直延续到今天的创造性文化"。②《山海经》所描述的世界是一个光怪陆离的世界，在这个世界里人神杂处，而且纷争不断，无论它是何种现实情境的反映，从文化角度来说，我们发现了中国文学作品里为人的生命力所进行的无限讴歌，人可以通神，人可以为神，甚至人可以杀神。与黄帝争天下的蚩尤，也是具有十足生命力的个体，他创造兵器，成为中国历史上第一个来自人间的"战神"，蚩尤身上流淌着的正是人面对自然所迸发出的创造力。而刑天、鲧、精卫、夸父这些悲情英雄也都以自身独特的方式反抗着外来的压抑，这是《山海经》对于中国文化中被儒道文化追求整体性生命而压抑的个体化生命力表达的彰显。

二、《诗经》：生命情感与中国文化实践的自然生态

中国是诗歌的国度，《诗经》正是中国诗歌的源头，在这部带着浓重的集体创造色彩的古代诗歌典籍中，我们看到的一幅幅活生生的带着人的生命情感的文学图式，可以说《诗经》开启了中国"诗缘情而绮靡，赋体物而浏亮"③的滥觞。《诗经》的风、雅、颂三种题材，分别展示了三个

①尹大春.中国太古神话悲剧意蕴浅探[J].兵团教育学院学报，1999（1）.

②吴炫，张丽峰.文学经典的批判创造性解读[J].湘潭大学学报，2021（03）.

③郭绍虞.中国历代文论选[M].上海：上海古籍出版社，2001：171.

社会层面的世界，也展示着三类主要社会阶层的喜怒哀乐，其赋、比、兴的写作手法，更是对于后世文学的发展奠定了不可磨灭的贡献。孔子曾说："小子何莫学乎诗，诗可以兴、观、群、怨。迩之事父，远之事君；多识于鸟兽草木之名。"①总体而言，就在"兴、观、群、怨"之中《诗经》展示了中国文化早期以文学手法"言志"和"抒情"的文学发展道路。《诗经》呈现出的是一种中国文化中以人的真实情感体验为文化创造来源的自然流露状态，无论是悲是喜，成功还是失败，人的真实感受可以自然地流出。同时又能和自然性的存在产生象征性的感受，可说"兴"作为诗"兴、观、群、怨"的功能之首是有它内在的原因的，正是人心灵感受的相似性，才能使得"近取诸身，远取诸物"②的各种"譬喻"得以可能，人自然而然的情感通感构成了《诗经》所表达的近似自然性"天人合一"的文化生态建构可能。

《诗经》首先构建了一个中国人的"诗化"的生存世界，这是中国人对于自然性世界的感性思考，从而打通了中国人将自然之物通过"创造性实践"而转化为艺术之物的"诗化"之路。"诗的世界是作为一个与现实的庸俗的世界的对立而提出来的。"③《诗经》的出现是中国人在对象性生成着自我的"文化宇宙"，所以《诗经》较之后世的诗歌创作有着非同寻常的地位，它不仅可以抒情，还可以"言志"，甚至是作为国家间区别国家风貌民族气质和外交往来上的官方辞令，一个不通《诗经》的人似乎就丧失了在文化世界里开口的权利。在中国人都耳熟能详的《周南·关雎》④中：

---

①杨伯峻.论语译注[M].北京：中华书局，1958：183.

②黄寿祺，张善文.周易译注[M].北京：中华书局，2016：510.

③刘小枫.诗化哲学[M].济南：山东文艺出版社，1986：29.

④诗经[M].刘毓庆，李蹊，译注.北京：中华书局，2011：2.

关关雎鸠，在河之洲。

窈窕淑女，君子好逑。

参差荇菜，左右流之。

窈窕淑女，寤寐求之。

"关雎"的起"兴"，水中的"荇菜"，与一首描写男女恋情的诗歌乍一看好像没有什么关联，但对于想要抒发情感的人来说，这些自然中的事物都在承载和帮助他表达他的所思所想环境，正所谓"感时花溅泪，恨别鸟惊心"，物在自然界的"必然王国"里，它也仅仅是一个物，但一旦进入人的眼中，在文化的"自由王国"里就成为"创造性实践"的对象，虽然关雎还是在河洲之上飞翔，但它飞进人心中的样子，就构成了对于自我感情的表达之物，可以说《诗经》成为一种中国人自我情感表达与走向人的生活的媒介，也正因此《诗经》塑造了一个中国人的"文化生态"，在这个"文化生态"里，所有的自然之物都成了一种人的情感的对象性存在物从而富有了文化的意蕴。再如《魏风·硕鼠》①：

硕鼠硕鼠，无食我黍！三岁贯女，莫我肯顾。

逝将去女，适彼乐土。乐土乐土，爰得我所。

硕鼠硕鼠，无食我麦！三岁贯女，莫我肯德。

逝将去女，适彼乐国。乐国乐国，爰得我直。

硕鼠硕鼠，无食我苗！三岁贯女，莫我肯劳。

逝将去女，适彼乐郊。乐郊乐郊，谁之永号？

---

①诗经[M].刘毓庆，李蹊，译注.北京：中华书局，2011：194.

　　《魏风·硕鼠》几乎成为历代中国人民控诉统治者只知压迫老百姓的经典文本，"硕鼠"几乎成了这类统治者的共同称号。在这里以"比"起"兴"，一提到"硕鼠"几乎所有人都从自身的生活经验里就会获得一个肥硕的偷吃粮食的大老鼠形象，在这里人的感性生命经验成为一种"创造性实践"的桥梁和材料，通过这座"桥"人们可以获得象征意象所表达的含义，也正因为这座桥的存在作者也可以和千年之后的读者互动。在《魏风·硕鼠》里，人们普遍所拥有的感性生命经验为诗歌所表达的情感体验获得共鸣提供了基础，在这里人的对于自然的感性生命经验以"创造性实践"的材料出现，同时也作为"创造性实践"结果的象征含义解释而存在，个体感性的生命经验成为群体互动的感情基础。再如，《诗经》中有大量描写战争的诗句，如耳熟能详的《秦风·无衣》[①]：

　　　　岂曰无衣？与子同袍。王于兴师，修我戈矛。与子同仇！
　　　　岂曰无衣？与子同泽。王于兴师，修我矛戟。与子偕作！
　　　　岂曰无衣？与子同裳。王于兴师，修我甲兵。与子偕行！

　　秦人尚武之风使六国望风披靡，这首《秦风·无衣》正是秦人外出征战时内心所想，"同袍""同泽""同裳"写出了军队军容的整齐划一，我们看到的不是像《豳风·东山》那样的厌战，但并不是一种好战，而是对于战争一种严肃和认真的态度，因为战争是战是和不是一个战士所能决定的，作为一个士兵他所能做的就是修好自己的武器和铠甲，随时准备投入战场之中。这首诗所自然流露出来的情感体验就是一个战士对于自己社会使命和对于戎马生活的现实的一种积极心态，从人的穿着入手，虽说问

---

　　①诗经[M].刘毓庆，李蹊，译注.北京：中华书局，2011：231.

与对方"岂曰无衣"，给出的答案是穿着同样的军装，对方所穿的也正是自己所穿的，可以说自我和他人的对象性关系里，他的所见就构成了他的自然情感，很纯净，也很直接。另一首《豳风·东山》①：

> 我徂东山，慆慆不归。我来自东，零雨其濛。
> 我东曰归，我心西悲。制彼裳衣，勿士行枚。
> 蜎蜎者蠋，烝在桑野。敦彼独宿，亦在车下。
> 我徂东山，慆慆不归。我来自东，零雨其濛。
> 果臝之实，亦施于宇。伊威在室，蠨蛸在户。
> 町畽鹿场，熠耀宵行。不可畏也，伊可怀也。

在《豳风·东山》里，我们看到的是一个从战场归来的人的生活世界，在他的眼中军旅生涯是一种痛苦的回忆，他希望永远不要再过上嘴衔枚、宿车下的苦日子，但当他回到自己的家时，却发现这已经是一堆断瓦颓垣，荒草丛生的房子里长满了结网的蜘蛛，田地都成为鹿的家园，到了晚上四处鬼火，所谓的家也已经物是人非。读罢《豳风·东山》和《秦风·无衣》，它们是两种对于战争感情的代表，但是实际上都是人感性生命经验的自然的流露与创造。秦人尚武之风古已有之，所以《无衣》带有慷慨悲歌之感，从内容上看很明显是上战场前的歌谣，而《东山》则是一种大恸悲歌，内容是一个归乡的老兵所见的家园破败，归乡老兵经历了生死又见家园颓废必然是一片伤心之情。二者虽然读之，一则慷慨，一则黯然，但是他们都是人的感性生命经验和情感的自然流露，所见，所感。

---

①诗经[M].刘毓庆，李蹊，译注.北京：中华书局，2011：275.

《诗经》是中国诗歌的起点，或者说是中国人将自身所处的自然环境开始"诗化"的起点，从《关雎》到《硕鼠》，从《无衣》到《东山》，《诗经》展示的是一个充满着感性生命经验的情感世界，在这个情感世界里创作者无论是群体抑或是个体并没有因为某些外在于人的追求如"道""仁"而影响了自我对于自身情感抒发的表达，《无衣》并不是要说尽心王事，而《东山》也不是控诉"春秋无义战"。恰恰相反，王师之兴和战事的或起或停都不是作为臣民所能左右的，这些诗思考的并不是去评价战与和的历史意义，而只是在自然表达历史进程中的有着生命的、经历着历史的活生生的人的情感，所以说《诗经》构建的是一个中国人生命情感体验自然表达从而走向"创造性实践"的文化生态表达，在这一阶段里，人为抒发自己的真情实感而手舞足蹈。在《诗经》构造的全体化"创造性实践"的维度里，人的情感是书写的动力来源，也是诗歌的根本来源，"自然而然"的自然性文化生态。

三、建安风骨：自我个性经验与中国文化实践的非功利性审美

东汉末年的风云变幻被一部《三国演义》描写得淋漓尽致，在这些金戈铁马战火硝烟背后，人作为一个个个体的存在被文化和文学所发现，进而中国文学进入了一个"自觉"的时代。在这个时代里，儒家的大一统地位随着大一统王朝的崩溃而动摇，使人们开始关注自我的生命体验，不在同"大道"并行。自东汉末年开始，玄学的"清谈"、佛学的彼岸寄托都杂糅在了一个个乱世中人的现实生活中，现实丰富的感性生命经验使得个体获得了大量以往群体创作所不能概论的真情实感，在"诗言志"的传统下，诗由集体之诗开始转向个体之诗，由曹操、曹丕、曹植父子开创的"建安风骨"开始在文坛上展示出它独特的魅力。

在自建安至魏晋南北朝的这段广袤时空里，文学开始了一条追求"非功利、主缘情、重个性、求华美"[1]的发展道路。在此之前，汉朝在"罢黜百家，独尊儒术"的治国策略上，以"外儒内法"的实际治理策略，使一个强盛的大一统帝国不仅在事实上建构起来，更实实在在建构在了人的心中，随着大一统局面的结束，心中的大一统局面也随之不再。建功立业虽然在战火之中是无数英雄人物的追求，但是随着"道统"式微而呈现出的是对于现实世界的"个体化理解"和自我感情的认识与张扬，所以建安文学体现的正是对于个体个性以及个体情感这些非功利性表达的呵护和肯定。

对于非功利性的审美追求，应该是建安时期文学创作留给现代中国文化发展的瑰宝，这种文化审美体现在文化价值上就是不同于大一统儒家审美以符合"天道"为美，更不同于《乐府民歌》以现实感受的情感直抒胸臆为美，这种美在于"慷慨悲凉"[2]。三国时期的社会环境，战乱频仍，中原地区"十户九不存""这样的环境，形成了慷慨任气的风尚，也给士人带来了一种慷慨悲凉的情调，以慷慨悲凉为美，就成就了此时自然而然、被普遍接受的情趣"。[3]这种"慷慨悲凉"不是脱离现实生活的真情实感和日常生活的矫揉造作，而是在建功立业之心、人生苦短之感之间找到一种非功利性的审美平衡点。可以说这种审美具有一种气质，这种气质就是源自于人世的丧乱，而又超脱于丧乱，同时有感于人生变化，修短莫测，而对于生命和自我内在的一种珍视，但同时又希望自我短暂的生命具有一种永恒性的存在，可以说它是一个矛盾体，但正是这种矛盾体凸显了当时士人的内在气质。曹操的《龟虽寿》最具代表性：

---

① 罗宗强.魏晋南北朝文学思想史[M].北京：中华书局，1996：11.

② 罗宗强.魏晋南北朝文学思想史[M].北京：中华书局，1996：26.

③ 罗宗强.魏晋南北朝文学思想史[M].北京：中华书局，1996：26.

神龟虽寿，犹有竟时。

腾蛇乘雾，终为土灰。

老骥伏枥，志在千里。

烈士暮年，壮心不已。

盈缩之期，不但在天。

养怡之福，可得永年。

幸甚至哉，歌以咏志。

　　曹操的存世之作，大多写于军旅之中即所谓"横槊赋诗"，曹操将军旅途中所见和自己的已有的感性生命经历，以一种浓烈的感情状态喷发出来，这种喷薄的契机正是自身所处的境遇。如果不是英雄入暮年，曹操也不会有"老骥伏枥，志在千里，烈士暮年，壮心不已"的词句，与人相比神龟近似处于永恒之中，但曹操却说神龟、腾蛇也总有生命终点，如同自己不得不走向暮年，面对人生的尽头。在人皆有死的常识下，曹操开篇的诗句所创造的不是一个畏惧死亡的人，而是一个认识了死亡的人，读第一句不禁心生悲凉之感，这种悲凉之感正在于人人都畏惧死亡，但都在走向死亡的这种必然。而正是在这种必然中，曹操迸发出了属于他自己的浓烈的感情，"老骥""烈士暮年"也都是现实曹操的写照，我们在这里看到了一种强大的情感张力，一方面作为个体无论是神龟还是腾蛇，都难逃一死，何况人乎？而另一方面，人的人生意义并不与寿命"盈缩之期"有关，哪怕"秉烛夜游"也要实现自己的平生抱负。这首《龟虽寿》就在一种人生苦短之悲和无论生命长短都要建功天地间的豪气交织中诞生，虽然曹操用的是"古直"的语言，但其中正是属于曹操以自己的个性来审视人生与世界的"创造性实践"表达才是最让人感到共鸣的关键所在。"慷慨，是指感情浓越……苍凉之气，指慷慨悲凉之感情力量"。①这种"慷慨悲凉"之感在曹操的诗歌中，作为"建安风骨"的代表，体现得淋漓尽致。可以清晰看出，曹操对于人生价值的审美已经不是那种"温柔敦厚"的所谓"君子"之美，而是一种"治世之能臣，乱世之枭雄"的"英雄"之美，他的诗歌创作中正是用他自己的"个体化"的感情追求和审美价值取向来赋予他的创作抑或是人生以意义。曹操的这种审美是非功利化的，他要的是人的生命价值，他审视的是一种终将结束却可以无限灿烂的生命之美，这种感受来自他个人，来自他的个体生命经验和自我个性。

以曹氏父子为代表的"建安风骨"是中国文学史上的灿烂一页，"慷慨悲凉"是一时的审美共性，但每位诗人都在以自己独到的视角在审视着自己的人生和自己的世界。诗作中充满个性的情感迸发正是个体摆脱了功利性审美之后，对于自我人生的价值和情感感受的表达则具有一种非功利的审美冲动，而这种非功利性的审美冲动才能真正将文化的"个体创造性实践"表现出来。

第三节 "个体创造性实践"是对"中国文化"理解的拓展

中国文化虽然在儒家文化的大一统下，构建了一个秩序严苛的文化权力结构，将庙堂与江湖严格地区分开来，压抑、排斥，但却很少去主动消灭一种异己性的文化存在。在"德"的框架中，任何冲动都应被克制，和合之美是最温柔敦厚的，所以江湖中的文化虽然被挤出庙堂，但仍有一块文化之土得以生息繁衍，也正因此道、释得以发展并在民间影响深远，其

---

①罗宗强.魏晋南北朝文学思想史[M].北京：中华书局，1996：27.

至也登堂入室与儒家分庭抗礼。从这个角度来看，中国文化经验如果完全以文化专制的视角看待，就显得过于片面和偏激了。从个体的角度来说，中国传统文化虽然钳制了个体的表达，但并没有夺走个体创造性实践的权力，庙堂有雅颂，巷尾有柳词，是一种互动的动态结构，而非"儒道互补"的静态结构。在"儒道互动"的文化结构中，个体之音、庙堂之声相得益彰，多少流传千年甚至流传海外的文化经典都不是庙堂之作，而恰恰是民间江湖的文化创作，这些被儒道式文化结构所遮蔽的文化创作经验无疑都体现了一种个体的鲜活生命力、对世界的理解力和一种发于自身的创造力。从这个意义上说，中国文化传统自由值得再发现，因为它蕴含着中国文化现代化的文化资源——一种个体化创造的文化经验，同时也是一直被忽视和压抑的文化资源，而这正是当代中国文化现代化的宝贵精神财富。在这种文化经验中，既有改造中国文化共同体的文化资源，也有重塑当代个体文化精神的文化资源。任何一种文化都不能以他者文化模式的复制来实现自身的真正发展，必须在自身的历史资源中获得来源和支撑，中国文化现代化必须由具有现代性文化生存意义的个体创造性实践来实现，而培养这样个体的经验就在自身文化之中。

一、"个体创造性实践"是对中国文化"个体异化"问题解决的方案思考

当代个体最大的文化困境来自自身，即存在于自身具体化生活场景与伦理化生活场景的分裂。中国文化自秦汉为帝国之后，人伦成为定居农业保证家族性存续的道德手段，伦理化的家天下促成了伦理化个人的社会发展模式，君臣父子天下为纲，从此中国的文明性表现为一种伦理性，而儒家思想为主体的经典以庙堂的方式将百家逐入江湖，儒家以经典的方式传承，也默默培养了中国文化的"宗经"意识，"夷夏之别"非在器物形制

而正在这"宗经"思维的文脉。在"宗经"思维里，个体只有是一个"宗经"才能获得一张文化性的"通行证"，同时也只有通过伦理才能获得生活世界的位置，个体不需要有个体性的自由，只需要有伦理的自觉。在当代社会，中国个体面对的是一个传统性中国文化所不能囊括的现实，个体的欲望、个体的自由在不断获得现实的确证，在现代工业文明和科技社会中，人直面的是自身的欲望理想与需求利益。但却发现，个体欲望与需求在伦理性的个体文化中是羞于谈起的，以免自己落入"小人"与"君子"的譬喻，个体在现实生活中无一时不再追求现实的丰满的生活，却要守着箪食壶浆的伦理理想，谋皇位而想布衣。当代社会的发展需要个体去不断追求自我超越与自我实现，通过创造来实现个体和社会的同步发展，个体要成为一个丰富性的个体，而自己在文化中的伦理身份却一次次给予警告，甚至成为一种压抑性的潜意识，使个体拥有现实、创造着现实，却获得不了文化现实意义上的肯定，陷入一种现实中自我肯定而文化中自我否定的矛盾状态。

二、"个体创造性实践"是对中国学术界"个性阐释"的学术引导

当代中国学术界基于"宗经性"思维模式，始终难以摆脱对于中国传统思想资源或者西方现实理论的依附性特征，新的理论的建设始终处于一种"个性阐释"之中，所谓的研究创新，仅仅体现对于固有理论进行某种程度的化用和阐释，将"个性阐释"与"个性创新"混为一谈。本书强调的"个体创造性实践"问题便是针对"个性阐释"这种弱创造的研究状态，提出真正作为"创造"的理论状态，从而为学术界注入一股新风气。

第五章　马克思主义文化哲学"个体创造性实践说"之于中国文化发展问题的理论出路

第一节　基于"个体创造性实践说"审视下的中国文化问题

　　自新文化运动至今的一百多年里，中国经历了沧海桑田的巨变，现代化从一个概念变成一个现实，从谷底浴火重生。现代经济社会的发展在于肯定个体作为社会的血肉组织，具有绝对的基础性地位，"人的世界就是人本身"。伴随着工业化人彻底驯服了自然，工业社会如同一本打开的人的本质力量的书，个体欲望、需求获得了社会的肯定，并成为社会物质生活发展的深刻动力。随着西方传统形而上学的终结和古老东方自身价值体系的土壤被撤换，人类在现代性问题上面临的文化危机愈发深刻。一方面个体应该具有怎样的现代性文化生存状态，个体又如何面对自身所处的文化共同体，继而获得一种丰富性的个体性生活；另一方面，具有文化差异性的共同体之间如何沟通交流一起面对人类历史又一个"百年未有之大变局"，共同体又应在现代人类社会中赋予个体以怎样的文化生存环境，自身的文化历史资源如何活在当下，都是当代人类文化面对的共性问题。中国作为现代化国家，儒家文化和大一统文明在压抑个体上建构了一套丰富的文化规则绵延至今，当代中国个体如何实现自身在文化生活中的"自由个性"，以及中国文化自身如何解决中国传统文化现代创新性发展问题，都需要在文化理论中拥有自己的现代文化发展方案，从而实现真正的文化自信并为世界输出中国文化智慧。继而，从"个体创造性实践"的角度出发，我们可以重新审视中国文化发展问题，进而建构新的发展思路。

一、儒家"大一统"文化对个体生命个性的压抑

相比于世界其他古老文明，传统中国的政治文化早熟并且深刻地由庙堂渗透到社会生活的各个角落，所谓"普天之下，莫非王土，率土之滨，莫非王臣"，政治生活是每个中国文化塑造出的个体的"天然生活"方式。禅让制在中国帝制的厚卷史册上勉强占有了一个开篇，而自夏启以其强大的政治军事实力"夺"位以自立后，一人之家，一家之天下的模式就从未被打破过。无论是烽火诸侯，还是太平盛世，一人之功一姓之德既是治世之因，亦是治乱之源。在传统中国里，知识分子占据着政治文化的主导地位，不仅掌握着社会政治的指挥棒，而且也将这种政治文化推向乡野。对于知识分子而言，庙堂与江湖就成为两种不同的人生选择，"出世"与"入世"，"救世"与"遁世"，建功于庙堂还是泛舟于湖海，中国传统知识分子在中国政治文化下，始终是一个被"儒""道"文化异化的个体，居于何地不是主动地自我选择，更不是个性使然，或者说在何"位"做何"人"由"道"不由"人"。

"以德配位"——德政秩序下的儒家庙堂政治文化。"绝地天通"后中国真正建立不再以部落的方式开展政治生活的时候，构建一个怎样的国家来实现一种稳定的家国建构模式，一直是历代王朝为之奋斗不懈的目标。农业文明特有生产方式，使得仰头看天、查阴晴冷暖成为生活的必需，天象成为一切社会生活中重大事件的来由，农业对于天文历法研究的早熟，再加上以圭表测影为基础形成的载于"先天八卦"中的"元理解"，古代中国文明完成了一套由天、地、人共同组成的社会秩序系统。通过现实实践，初步定于"周礼"，尔后经由孔子"德政"、董仲舒"天

人感应"、理学、心学的发展，天道与人伦共同构建出了一个具有超稳定结构的"庙堂知识分子"社会结构，成为无数力图"入世"而实现抱负的知识分子的理想生活模式。在这样的一套"以德配位"的政治文化秩序中，君、臣、民都以帝国工具的角色存在着，在"受命于天，其祚永昌"的宏愿背后，是一个个帝国机器的螺丝钉，为的是同一个目的——社会的延续。

自武王伐纣之后，西周建立之初，周王朝面对的第一个社会问题即是如何解释周灭商这一所谓"弑君"之举，又如何重新组织社会权力秩序，这是摆在文王面前的重要问题。商时"率民以事鬼神"，商王的祖宗都以鬼的身份位列在"帝"这一天神的周围，在当时宗教社会环境里，如何从"天"来获得地下人世权力的合法性就是文王、周公面对的社会现实。"周虽旧邦，其命维新"这句名言，开启了"以德配位"的滥觞，德不足以享位的人，就必须是德以配位的人获得人世的宰治权，周代商就成了人应天道而行的"替天行道"的伟大之举了。自周公做周礼，将家国大事均系之礼制，使得政治建设和社会生活都拥有了一套以"天道""德性"为准绳的法则，逾越规矩的代价不仅仅是现实生活的惩罚更有一种形而上学的意味。周礼经由孔子的广泛传播，到后来大一统的封建皇权对其不断加强，传统中国就有了"合礼"就是"合理"内在逻辑，"礼"的本质就是一种人为开设的社会秩序，进而通过围绕"德"建立起来的一套抽象政治统治逻辑为表达，随着"儒家"定为一尊，中国的庙堂政治文化随之建立，万代不衰。

儒家学说建立起的德性政治伦理汇总，"天象"恒常的时代里，与天相配合的人世，则理应恒常，不应有"异动"，所以农民以时而作，帝王将相顺天治人也是理所应当。王朝兴衰自有"运数"，"王气"的明暗生灭都是天道轮回使然，治世乃是承天意，乱世则是逆天意，跟任何一个统治者、任何一个名臣宿将的努力没有本质关系。而"治"与"乱"的根本原因就在于"秩序"，所谓"天纲既乱，非人力所能为"，社会所有问题本质上都在于"君君臣臣父父子子"的完美社会秩序能否实现。个性、自我、主体意识对于传统中国居于政治文化中心的人群而言是不需要的，皇帝是孤家寡人，是一个以"一身而事万民"的天子，他不需情爱、不需朋友，不能拥有一个人所拥有的现实情感，才能成为明主。这样的例子举不胜举，弃家者，如大禹治水，三过家门而不入；弃子者，如汉文帝送南宫公主入嫁匈奴，汉武帝杀太子；弃身者，如勾践，卧薪尝胆始吞吴；弃义者，如李世民，玄武门之变箭射长兄。再如东汉霍光每次在朝堂上进退几步，居于何处都分毫不差，一为而数年不易，为人广为称颂。在儒家主导的传统中国的庙堂政治文化里，作为一个个体的真实情感、现实情欲都被现实的政治身份所压抑，或者为现实责任所压迫，牺牲的是作为个体自身和他者的现实生命和情感体验，为的不是感性的生命体验，而是一种政治秩序的完美。在儒家的精神文化里，这些明主能臣，能够彪炳史册的根本原因在于"德性"，对于个人生活"箪食壶浆""食无求饱居无求安"，为天下苍生而"朝闻夕死"，他们是道成肉身的代表。

在儒家心系天下、舍身卫道的政治文化里，个体的价值性由其社会功能性是否得到有效实现为评价标准，个体的个性如何、志趣如何都不是被关心的对象，反而是要被消灭的对象。道无形无相，那么作为道的肉身，就必然不能随心纵欲，只有做合规矩的事，做该做的人就可以万世太平了。但人毕竟不是机器，人总有自己的个性和兴趣，生活对于规矩而言是虚幻的，而生活对于现实的人来说却是真实的，所有追求个性和自身感情确证的君主和人臣却很难在历史上获得美名，如同南唐后主、木匠皇帝等。若中国出了如西方温莎公爵为爱逊位的政治实践，必被后人贬为求一人之幸福而弃万人之幸福的荒唐之举，华伦妇人也将担上红颜祸水祸国殃民的骂名。可以说，在儒家主导的庙堂政治文化中，没有一件事情或者说一种政治角色是因为某一个人而出现的，而是"道成""德至"而已，所以在这样的政治文化里，需要的不是一个有血有肉的、有情有欲的感性的人，而是一个能够行使政治机器功能的具有生命的"有用的人"。在这个位置上，无论个体生命长短，维持帝国政治机器运转是最高目的，个体的生死存续是可以直接忽略的问题，只有能够在这种文化中彻底异化，实现"规规矩矩"的个体，才是会被整个政治文化肯定的个体。所以创新、改革、个性、自由都不是被纳入思考的对象，只能以异类的方式存在，感性的生命经验是应该被压抑的东西，只有不为世俗情感所牵绊，在家庭、在社会、在庙堂都以自己的身份角色处事，演好一个君主、臣子、父亲、儿子的现成剧本，该为道生时生，该为君死时死，所有的人生价值都是德赋予的。人也只是为悟道、践道、卫道而生，身死事小失德事大，个体的个性以及作为人而言的感性生命经验就在这样的压抑下走向异化的极端，鲁迅说"吃人的礼教"，其言弗虚。

二、道、释文化"内在超越"对个体思想创造的消解

相比于儒家的入世情怀，道、释文化则以一种"内在超越"的方式消解个体进行创造性实践的意义。如果说儒家是中国传统知识分子的厅堂的话，道、释就是传统知识分子的菜园，厅堂和菜园的关系仅仅是一墙之隔，或者一日之隙。纵观中国文化史，自释教传入中国后的千年里，没有一个载入史册的儒家治世能臣不对黄老、佛经有所涉猎，也没有一个隐士没有儒家舍身为家的情怀。在儒、道、释三家鼎足的知识分子精神世界里，看似将五行六界全都囊括了，进退有据，或庙堂或江湖总有一席净土，但又好像没有一块真正的净土，也只有暂时的栖身之所，知识分子拥有菜园的目的不是为了"种菜"，而是在为下一次"仰天大笑出门去，我

辈岂是蓬蒿人"的登堂做准备。范仲淹在《岳阳楼记》中将中国传统知识分子的心态用"居庙堂之高则忧其民，处江湖之远则忧其君，是进亦忧退亦忧"概括得相当精当，有庙堂、有江湖，但却单单没有属于自身的家，一个可以寄托和表达自身纯粹感性生命经验的寓所，有的只是在儒、道、释中的选择，择一二而处，而不是真正以自己的精神独行天地。

在儒家庙堂之后，道家构建了知识分子自我的精神休憩所，在这里可以"不以心为形役"可以"无案牍之劳形""可以调素琴，阅金经"，看似恬淡的背后，却投射出另一种不得已的选择。"人法地，地法天，天法道，道法自然"，老子《道德经》里对于道家的基本原则概括，影响了中国知识分子看待自然、自身以及社会的关系，无论庄子如何张扬自我，梦蝶化鲲鹏，虽一扬几万里，却最终仍不知归于何方。道家的任自然，逍遥恬淡，以及无为而治小国寡民的政治理想，都在一种对自然秩序的模仿中实现，老子对于正负、善恶、祸福相生相克的朴素辩证法正是这样的一种表达。在道家主导的政治文化里，自然秩序构成了有别于儒家"德性"秩序的另一种政治生存秩序，在这种秩序里，人不需要有主体性，不需要有为，更要"绝圣弃智"因为"为学日进为道日损"，人们无须忧虑生活不足，而只需担心民心不古，自然而然，自然之性即是本真。以己身来悟道，获得的是一种感悟"自然之性"的天道，在这样的天道里，人依然是工具，而不是目的。

因为天道不因人而存在，只是人因入世太深，而忽视了天道，所谓"至人无己，神人无功，圣人无名"，个体只有彻底舍弃"我"才能拥抱"我"，只有去掉现实的"真"才能拥抱大道的"真"，即"道可道非常道，名可名非常名"，只有将有相的人生舍弃才能拥抱无象的大道。道家主导政治文化看似将个体的主体性及个性、意志归还给了个体本身，但是实质上它用一种与儒家文化同质的"道"来重构一种精神秩序。与儒家相异之处在于，道家以自然之秩序架构人间之秩序，自然缤纷生生不尽，所以道家的现实秩序也显得赋予个体无限的生存空间，可以各行其是，但实际上与儒家一般，都在抹平个体身上的感性生命经验和个性发展，以一种田园牧歌的方式，使人回到乌托邦中过一种由天道固定好的角色。人依然是剧本里的演员，社会需要的依然不是有创新、有思想、有理性、有独特行为和意志的人，道家政治文化里需要的也只是安于出生安排的命运，稳定而循环的人生。

综合而言，在儒、道政治文化主导的庙堂江湖中，传统中国的个体看似已经拥有了无限广漠的精神世界，实际上却一无所有。它所拥有的只是一种非此即彼的文化生存可能，在这种文化生存可能之中，只有三种选择，这三种选择每一条背后都是一条通向固定社会角色和生活方式的路，都有一本剧本等在那里，无数的传统中国的个体通过这三条路，走向君王、权臣、才子、隐士、佳人，拿起剧本大纲，走完一生。在这样的文化环境中，个体的存续意义不在思考范围内，个体存在对于种族、家国延续起到了怎样的作用，就是他盖棺论定的终章。在儒、道、释的夹缝里，在江湖、庙堂的选择中，传统中国个体被压抑地抹掉自身的个性，进而适应社会的框架，个性存续、生命体验从不是被考虑的内容。在家国同构的历史现实中，个体是家国的个体，而不是个体，无论儒、道殊途同归。

三、经济文化"见利思义"对个体生命欲望的压抑

士、农、工、商是传统中国对于子民的经典分类，几乎囊括了当时社会人的主要社会功能，中国的农耕文明绵延千年，这种社会分工对传统中国经济文化的形成起到了巨大影响，其中影响最为深远的即是"知足"思维和"义利之辨"。"知足"直接截断了中国传统社会个体对于多样丰富性生活的心理需求，在价值意义上截断了个体走向自我丰富的文化价值之

路，而"义利之辨"也将中国传统社会中个体的现世欲望和发展需求从现实层面引向了价值层面，使中国传统社会的个体将获得现实利益与道德伦理结合在一起，也从现实层面截断了个体在世俗生活中走向丰富自我和个性自我的可能。继而和政治文化一同，将传统中国的个体发育带入现成框架之中，共同成为种族家国繁衍的工具。

"知足"——以"足"为标准的经济文化。中国的农业文明手工业的造诣让许多文明相形见绌，中国经济思想和经济文化也渊源悠久，《管子》有言"仓廪实而知礼仪，衣食足而知荣辱"流传甚广。"足"这个字在中国经济文化中占有重要地位，许慎《说文解字》中对"足"下了"从止从口"的解释，可见"足"不仅是行走之躯体，更是身心状态的一种表达，口足而知止。在中国古代经济发展中，"足"意味着的不是"富庶"而对应的是"不饥不寒"？即饱暖和衣食无忧。这种"足"同时也意味着"饱"和"暖"是生活的完美标准，而不在乎是食粥而饱还是食肉而饱，是衣麻而暖还是衣裘而暖，这种"足"更意味着个体不应去强调自身需求的丰富性和发展性，而应以满足基本生活所需为个体自身需求原则，不应过分追求生活的舒适享乐，即不以口腹之欲和身体之欲这些人自身自然性的需求为生存导向。《论语·雍也》："子曰：'贤哉，回也！一箪食，一瓢饮，在陋巷，人不堪其忧，回也不改其乐。"颜回是孔子最心爱的弟子，颜回"箪食壶浆"而居于陋巷的生活方式是孔子所提倡的。在这样的经济文化影响下，对个体而言勤俭节约、吃苦耐劳就成为一种优秀品质，对于国家而言，满足黎民百姓不饥不寒、衣遮体食果腹就是足以为人称道的太平盛世。也正是在这样的经济文化背景下，求"富"、求"欲"就成为一种不符合道德操守的事情，君子与小人的差别就出现在这里。从这个角度来说，"足"可以说是中国人对于个人生活、家族生活乃至于国家经济生活的伦理指标，

"足"即可，过犹不及，不足时要补足，一旦足就要行礼仪讲廉耻，求富和求欲就成为一种失德的表现。"知足"奠定了传统中国经济文化的底层价值逻辑，但"足"忽略了一个关键性的问题，即以何而"足"，以传统的经济方式而"足"，那么创新发展就是一种"不知足"。同时强调个体日常生活的丰富性以及个性更是一种道德有失的表现，被礼教视为骄奢淫逸，传统中国的个体生活就在"足"中被规定下来，个体现实生活追求出现了一个道德意义上的天花板。

"义""利"之辨——尚"义"轻"利"的经济文化。对于个体而言，利益是现实的和自然存在的，在市民社会的发育过程中，"利"成为个体参与社会化经济生活的自然驱动力。传统中国在"足"的经济伦理逻辑的支配下，"义"和"利"的矛盾构成了一对具有张力的范畴。孔子《论语·宪问》中提出的，"君子喻于义，小人喻于利"。尔后孟子《孟子·梁惠王上》，义利之辨就更明显了，孟子对齐宣王问利，直接回答曰："王何必曰利，亦有仁义而已也。"孟子是非常推崇义的，乃至他常常说"大人惟义所在"。义利之辨在经济思想界，最大的一次辩论是公元前81年的"盐铁会议"，桓宽真实记录了当时辩论的盛况，而以儒家为代表的贤良文学主张崇义贬利、进本退末、安贫乐道，进一步从治国大政上奠定了中国古代重义轻利、重农抑商的经济格局。值得一提的是，其中的社会理财家桑弘羊表现出了古代中国人的"农商交易，以利本末"的贸易思维，以及国家资本主义的雏形思想。从此，义利之辨有了一个"中国特色"，就是每逢社会改革（变法）的时候，义利之辨就会成为一个重要节点，似乎谁都绕不开。在北宋改革时期新旧党关于"义利之争"非常激烈，改革派的代表王安石重事功，认为求利是理所当然；相反，保守派的司马光等人认为唐朝和五代的灭亡就是因为"重利忘义"。双方争论涉及很多理学家、政论家，双方难争高下，最后变法的成果随着宋神宗去世而废弃。

君子重"义"而轻"利","君子"二字就足见在传统中国里，"利"与"义"的轻重关系，不仅直接影响了个体的生活方式，更导致在漫长的农业社会里，对"末"——商业的轻视和对商人的压抑，从根本上阻滞了经济的发展。个体是经济活跃和发展的根本基础，在"义"的框架下，再加上"足"的追求，再一次将个体寻求现实的个体发展截断了。商人群体对于农业手工业经济而言实际上是举足轻重的，在没有全国市场的年代里，商人完成了国内资源调配，甚至能够刺激一地生产力的发展，但是同时随着货币在民间社会的权力越来越大，尤其是两宋时期商品经济和市民生活的巨大发展，商人以新兴特权阶级出现在皇权的对面，渗入了百姓的日常生活中。明代就开始了对商人的抑制，但中国手工业商品经济的发展已经成为不可阻挡的趋势，虽然在政治文化和政治制度的重压下，商人受到巨大打击，但民间对于商业发展的认同并没有被抑制，且走出了一批有名的晋商和徽商。

在"知足"经济文化大背景下，个体现实的生活化需求被强制削平，服从于士农工商的社会角色分类来规定自己"应该"过的生活，否则就是道德沦丧，僭越规矩，寻求个体在日常生活中的丰富性与个性更是与整个经济文化相违背，个体的现实欲望在经济文化中丧失了价值性的确认。在"重义轻利"的文化背景下，个体对于自身丰富性和发展性的表达，以及对于美好生活的追求和以个人为前提存在的利益需求成为不"义"的表现，在这样的过程中，个体对于基于个人需要和个体性感性生命经验所获得对于"利"的追求也成为一种非道德的选择。在经济文化中，传统中国人丧失了个体最为现实的个体性发展确认，获得的仅仅是作为社会工具人的生存发展确认，而不是一个能够自我发展、自我丰富的现实个体。

四、世俗文化对"个体感性生命经验"的压抑

传统中国漫长的文明史，诞育了中国的世俗文化。世俗文化在广袤的中国大地上林林总总，虽然"一方水土养一方人"，一地文化民俗与他处可能表现得大相径庭，但在总体世俗文化上，我们可以发现其中共有的一些轨迹——男尊女卑、谈"性"色变、集体至上。

男尊女卑——性别不对等的世俗文化压抑。与"天尊地卑"相对应"乾道成男，坤道成女"，在中国两仪四象的太极思维中"阳上阴下，阳亢阴卑"，天、地、男、女形成两对对应的关系，"阳"的主动和"阴"的受动在这对关系中，男女就在原初思维里形成了一种差异性的不对等。这种男尊女卑的世俗文化随着父系社会开始就一直绵延至今，在传统中国这一世俗文化压抑人感性生命经验的现象不仅是个体在世俗社会的生存发展，同时也还是经过官方确认的世俗文化标准。"唯小人与女子难养也"孔子的这句名言流传千古，在世俗文化里，男女以一种不均衡的地位出现，女性成为男性一种"物性"的附属品，成为装饰男性生命生活的一种颜色。在世俗文化中，男女性别差异体现在私有财产权利、家庭生活地位、政治权利、个人价值表达四个方面。

在私有财产权利方面，能否拥有私有财产是社会个体独立性的确证，传统中国女性个体的私有财产主要以自身的首饰、服饰为主的极具性别排他性的财产，流通性和变现性差，甚至可以说只具有装饰意义而缺乏真正的经济意义。田契、房契等家庭重要经济产品一般只是保管员而甚少能够从其溢价中获得收益，可以说女性的社会经济地位极低，能够表达经济独立权利的私有财产寥寥无几。无论平民、公主，女性真正拥有的私有财产只有首饰，差别之处只在于质地和数量。丧失了经济地位，女性民间社会中就丧失与其他进行资源交换和创造联系的可能，只能依附于男性，借助

男性的财产权来实现，丧失了自身经济主体性的地位。

传统中国家国同构，女性在家庭中的地位与其在社会中地位一脉相通。在家庭中，女性以繁衍家庭成员的工具出现，在家庭分工中"相夫教子"是传统中国世俗文化赋予女性的社会责任。自原始文明早期，女性搜集果实、制作衣服为主责，男性负责狩猎，女性的社会地位与男性比肩。但进入农业社会，女性的生产能力就难以和从事农耕的男性相比，进而女性更多承担了手工业生产和家庭事务。农业生产需要大量的劳动力，女性对于家庭来说，其主要功能就由生产物质材料主体转为繁衍家族成员，随着农业发展和私有财产的意识萌生，私有财产以血缘的关系为继承标准的要求，也使得姓氏族群得以产生。在这个过程中，女性从家族财富的重要生产者转向为家族成员的主要繁衍者，男女之间在家庭层面的地位差异就开始出现转变。与此同时，农耕文明的土地需求和对于土地肥力的需要，使得部落之间战争频发，男性作为战争主要承担者也使得女性丧失了对于部落公共事务的参与权利，进而在进入国家阶段，男女的社会角色便确定下来，女性在家庭和社会中丧失了作为一个社会性个体的权利，从而在根本上丧失了作为一个文化主体生存的权利。

传统中国男尊女卑的世俗文化使女性物化，同时也使得男性丧失了与之相应对等的人的对象性存在，男性在物化女性的同时也使自身物化。在这样的世俗文化下，男女的社会角色便逐渐走向狭隘和片面，男女在社会和家庭分工中出现了严格的角色划分。在这样的条件下，男女作为个体的个性发展被性别差异进行了严格限制，男人从事家庭事务和女性追求事业都成为被质疑的问题，男性和女性的文化生存出现了先天的"天花板"，这使得文化自身也被两性所分割，丧失了真正意义上的整体性。随着小农经济的消亡，男女在工业文明社会化大生产中的性别角色区别日益模糊，女性在私有财产、社会资源配置中的角色地位已经和男性形成了实质性的平等，但世俗文化中男尊女卑的问题并没有得到解决，从而导致了一系列"潜规则"的出现，妇女在社会重要政治生活中不得不都"让位"给男性，并为家庭"牺牲"，从而导致了社会分工和发展受到了来自世俗文化的阻滞。

对感性生命经验的忽视——压抑个体生命力的世俗文化。个体的存在是一种灵肉共存的生存状态，作为一个具体的活生生的个体，他的生活就是他的全部，个体自身的感性的生命经验是其自我作为一个活生生的个体的根本依凭，感性生命经验的来源只有一个即个体的感性生活。在这个生活里，个体完成了繁育个体的"人的生产"，同时也是一个个体成为"人"的一个社会性个体过程，是个体习得社会并进行自我定位和适应性生活的过程。在个体社会化过程中，个体被赋予了社会化的角色，成为遵守共同体规则的个体，在这个过程中个体自发产生的包含情欲、性欲、爱欲等的感性生命经验则不断与世俗文化产生着冲突与和解，个体既借助世俗文化来言说自身，同时也被世俗文化裹挟不得不让步妥协。耻于谈"性"羞于讲"欲"。孔子曾说"食色性也"，人间烟火、饮食男女是民间社会的组成根本，人的自然性必然是先于人的社会性而存在的，可以说作为一个活生生的人，也必须是一个灵与肉的合体，而且肉在灵前，"形谢神灭"。性欲、情欲及爱欲都是一个个体所必然拥有的本能，也是个体生命力的表达，一个个体只有敢于爱、敢于恨、敢于争取甚至敢于"死亡"，将生命力作为生命尊严去呵护的时候才能真正获得自己的生活和世界。

在传统中国世俗文化中，个体的本能的实现受到了严格的规定和限制，性欲成为一种文化表层的禁忌，而情、爱也被列为"不齿"的追求受到排挤。传统中国由于政治文化的早熟，造成政治意识形态全方位地渗透进了民间社会生活，在传统中国要求个体以"工具人"的角色出现一样，世俗文化在政治、经济文化的共同影响下，个体的"性"和"欲"都应服从这种"工具人"的社会角色，否则就是"乱性"和"纵欲"。这种个体本能的实现方式被限定了场域、条件及形式，以"礼"的形式存在下来，必须"正名"而定"分"，只有定了名分才拥有了去表达自身情感的可能。传统中国人的情感经验被政治文化、经济文化严苛地约束着，感情经验的自由根本不在文化为个体的设计范围内，感情和习惯责任是同位语，联姻不是为了爱情而是为了家族及国家的社会生活，情、欲被严格限制在"发乎情止乎礼"的范围内。但个体的情爱表达始终与传统礼教相矛盾，于是演化出了"偷情"和爱情悲剧两种文化结果，个体的感性生命经验及自我追求丰富性的可能就在传统中国的压抑个体的世俗文化中不断异化。

"退一步"与"不敢为天下先"。"吾有三德，曰慈，曰俭，曰不敢为天下先"，这是老子在《道德经》中留下的箴言，"不敢为天下先"对于创新的拒斥，构成了传统中国世俗文化的另一大特征。在金字塔结构的政治文化和以"足"为准的经济文化共同影响下，稳定和平衡是世俗文化构建的核心，创新对于旧的世俗秩序而言是一种挑战，尤其是文化自身的创新，所以"退一步海阔天空""不敢为天下先"就成为一种典型的农耕文化世界观的表达。对于创新的拒斥，但又无法阻挡整个社会发展的历史车轮，于是"变器不变道"的文化思想发展开来，不变的是社会的上层建筑，而变化的是现实的个体生活和社会生产，这种思想直接导致了近代"中体西用"和"全盘西化"思潮的高歌猛进和黯然退潮。在个体的感性经验中，创新是一种必不可少的要素，每个人的日常生活，每个人的情感体验都不能导致历史像被凝固的模型，每天重复相同的节奏，从而在静止中实现永恒。"变"本身才是"不变"的，个体承继了之前社会发展的全部财富和社会关系，在个体的感性生命中必然有新的经验和新的情感，个体需要以文化为工具进行表达和抒发，但在传统中国个体是文化表达自身的工具，而不是个体能够自由使用的工具，个体只有从压抑个体感性生命经验的文化中"抽出"自身，才能获得对于文化的"自由"，进而才有创新的表达和发育。对于创新的拒斥，以及加诸在个体身上的文化枷锁日益沉重，最终使明清知识分子回归考据，封建文化发展停滞，错过了人类文明发展的新纪元，从而导致近代历史的悲哀。

第二节　中国个体创造性实践的发展问题

英国历史学家汤恩比在《历史研究》中提出了文明发展中的"挑战与应战"模式。纵观人类文明史的发展，每一次文明的"挑战与应战"都是一次实现社会文化创新的机会，故步自封的文明鲜有存续。文化的进步、文明的发展在当今时代意味着创新与创造，因为"挑战与应战"的发生频率已经不再有百年的酝酿，而只是分秒之间。中国的现代化在于中国人能够创造现代化的生活，而创造现代化的生活在于能够拥有具有创造性的人格，而拥有创造性的人格则在于拥有培养个体创造性实践力的文化土壤。因此解决中国个体创造性实践贫乏问题的根本出路在于对中国个体文化的批判改造，在于对中国个体现实的文化异化问题进行评判。

一、中国"个体创造性实践"的个体的个性贫乏问题

中国个体创造性实践还被个体的个性疲乏所困扰，在中国漫长的文化发展之中，个体遵从的是社会对于个体需求的分类，即士农工商，再加上"家国天下"的社会结构，以实现黎民温饱为最高标准的社会发展目标，都对个体的个性表示了默然。个体以一种工具性的生存方式与社会"对象性"相处着，个体的个性要点在于"温良恭俭让"、在于"温柔敦厚"、在于"孝悌"。可以说在中国文化的视野中，个体最好的个性就在于以家

庭的发展需要、社会的稳定需要、国家的利益需要为个性,作为一个社会的稳定的存在物出现,也就是说与个体个性在文化中对象性存在的不是一个以文化为个性资源的个体,而是一个以社会角色为标志的工具人化的个体。这样的个体生命无论长短、生命体验如何都不影响作为一个社会工具人发挥他的社会价值,所以"工具化"就是最好的"个性化",个体的"个性"异化为一种社会工具的"属性"。个体之所以能够进行创造活动,个性是不可缺少的条件,个性决定了个体看待世界、看待人生的角度,个性决定个体选择了一个个体化的角度去审视自身,以及自身在世界中的对象性位置,同时个性也将世界在个体生命体验中进行对象性裁剪,并构成具有个体自我个性的世界,个体通过个性为这个自我个性的世界划定准则和价值。在这样的前提下,个体将自我个性以文化世界为材料,对象性地创造文化产品,进行创造活动才是可能。当个体的个性是一种社会工具属性表达时,并且在文化中只能对象性地找到工具性的自我文化存在时,个体无论如何发挥自身的个性,仍然无法创造出属于个体的,并且是对于世界个性化理解的文化造物,个体的创造既无属于个体的个性,更无属于个性的文化材料,文化创造就成为"文以载道"的演化工具,不是创造而是复制。

二、中国"个体创造性实践"的感性生命经验扁平化问题

中国个体感性生命经验感受被来自大一统的文化压抑,而走向扁平化,不仅仅是对于个体现世欲望和现实情感的压抑,更是对于个体追求自我实现而探求个体化文化生存空间的压抑。首先来自中国传统文化对于个体生命价值、生命力及生命尊严的轻视,几千年的农耕文明社会使得个体与社会群体的关系过早地固化,家族利益、民族利益、国家利益成为文化中的最高核心,个体的责任与义务在于保证三者的最大化和延

续，而个体获得文化回报就是"足"。而这个"足"在于"身足"即温饱不受冻馁之患，但至于个体的其他需求则会被"温饱思淫欲"的道德标准所排斥，个体的生命获得基本的生活需求满足就应该知足，从"身足"进而到"心足"，否则就是社会的异类和不本分的对象。中国漫长的农耕文化为个体生命确定了一个明确的对象化自我，在这个文化的"对象性关系"中，个体的意义在很大程度上就是种群和国家的繁衍工具性的存在①，个体的生命意义与价值并不在于创造什么，而在于维持种的延续，所以"身足"吃饱就是最大的生命意义。箪食壶浆只要能"身足"继而"有后"，至于"身足"以后身心的丰富性要求则不在文化的回应之中，这也正是为何中国的商人阶层往往拥有丰富性的生活感受，却难以在文化中获得肯定回应的原因。同样，对作为个体生命力的个体感性生命经验的压抑，也是中国传统文化对于个体感性生命经验扁平化压抑的重要一环。个体的感性生命体验是个体生命力的重要体现，这种经验中有"欲"有"情"，这种生命体验需要个体在文化的"对象性关系"中找到一种肯定以及安放的空间。在中国传统文化中，尤其是占据主导地位的儒、道文化没有为个体的感性生命经验提供抒发的空间和余地，"仁"与"道"将个人空间与社会空间完全打通，"君子慎独""举头三尺有神明"，中国传统文化使"私人"的文化概念以一种带有贬义色彩的方式出现，个体"谈情道欲"很难有好的结局，反映在文化作品中就是文学史常有的个体悲剧。在儒道主导的文化结构的"对象性关系"中，主体的个体生命难以通过文化的对象化之桥而获得一种对象性的存在，反而获得的是一种否定，再进一步变成对文化对于主体的否定。个体便在自我真实的生命体验表达中失语了，要么与文化否定

---

①孙隆基.中国文化的深层结构[M].北京：中信出版社，2015：22-23.

彻底决裂走向一种文化悲剧，要么选择沉默跟从别无他法。一个无法获得生命力肯定的个体，一个无法将自身感性生命体验在文化中对象性表达的个体，注定是一个丧失创造力而只能跟从的个体。

三、中国"个体创造性实践"的"共同体文化"类型化发展问题

中国有句民谚："十里不同俗。"所谓"风俗"是一种共同体的文化，中国社会的世俗文化就是由无数个风俗各异的文化共同体，不断在社会交往和社会生产发展的过程中迁越而成的。对于中国文化的整体而言，这些俚俗地区是一个个个体，而实际上则是这些俚俗风俗背后无数的活生生的个体。个体是与共同体相对而言的概念，个体先于共同体产生，有生命的个人的"存在"构成了全部共同体续存在和发展的可能，共同体则随着个体的交往逐渐产生，并在形成后拥有了制约个体的力量，个体与共同体之间呈现着鲜明的"对象性关系"。在共同体定型后，共同体规训个体的方式不仅仅是利益、规则，更重要的是文化，通过文化真正为个体打上共同体自身的文化符号。在这种对象性关系中，个体的个性发展与自我实现的程度与共同体为个体留出的文化空间息息相关。

在中国"大一统"的文化传统中，"天下大势，合久必分，分久必合"无论"分"是因何而"分"，但在中国人的心理却始终认为"合"才是"天命所归"，如同中国人看到中国古代王朝历史，南宋无论在经济上多么繁华，市民生活多么丰富，但总是被"偏安"一词定义。无论宋朝在抵抗游牧民族不断进攻的百余年里付出了多大代价，城市的发展和经济如何富庶，似乎始终在中国王朝史上都无法与获得"统一"的中原王朝相并立。这种"大一统"的心理追求正是历史传统和文化经验所提供的对于每个中国文化个体的规训。在农业文化社会里，中国人的生

活经验是围绕着田间地头的劳作提供的，而这种劳作又是以家庭为单位聚居而得以可能的，所以个体获得的第一个文化属性即是家庭的成员，家庭形成了个体存在的第一个天然的共同体，而进入村落，以姓氏聚居的村落又是另一个兼具天然性和社会性的共同体。在这个共同体里个体获得了被社会共同体进行规训的真实经验。可以说，中国的文化共同体对于个体的规训和塑造，是从强调个体是共同的个体开始的，或者可以说是强调个体是一个"大一统"文化价值追求下的个体开始的。"大一统"的文化历史和文化价值为个体确定了一种历史价值，也就是说所有的服膺于中国文化的中国个体的一个文化确定，就是每一个个体都是"大一统"文化下的一个个体，"大一统"是个体的文化生活价值追求，无论如何要去维系和巩固。从"大一统"的文化价值出发，个体就是类型化一个文化积木性的存在，共同体需要的不是有个性、有创造力的个体，而是始终把"大一统"放在心里的个体。

在中国文化中儒道文化对"个体创造性实践"始终是以"异类"的眼光去看查的，儒家以"仁"为核心建立的思想体系，法先王、师圣人、读经典；道家法地、法天、法自然。在儒道统摄的文化结构中，现实的个体行为思想的发展方向是服从基于共同体利益形成并具有维护共同体稳定性的准则，个体要么以儒入世要么以道遁世，儒、道的互补文化结构中个体似乎已经拥有了个体文化社会存在的全部可能。个体具有文化生活的选择权，进居于庙堂，退又保隐于江湖，但唯独少了第三种选择，即个体个性的选择。在中国儒道文化统摄下的文化存在中，个体获得的对象性存在所要思考的问题是对象性存在于儒还是道，丧失的是在塑造与共同体文化中的自身存在第三种"对象性关系"的能力和可能。这种改变个体对于共同体"对象性关系"能力丧失导致的使个体个性削平，以至于千人一面，见一人可知一户，见一户可知一族，个体成为共同体塑造的缩影。个体丧失了基于自身个性的"第三种选择"可能后，如何更好地变成共同体的缩影就变成了个体的人生追求。合德的先王、竹林的隐士等已经故去的，且被共同体或从儒或从道的角度作出肯定的人生经验，也就成了活着的人生追求和标准，复制人生就成为个体的生活追求。当个体认同了共同体所赋予的这样一种儒道互补的文化空间身份，个性、个人的生命感悟和体会就成为毫无意义的杂念，那么个体的创新就更不可能。

四、中国"个体创造性实践"的"弱创造"①问题

中国个体在经历了个性的压抑、感性生命的扁平化和共同体文化的类型化压抑的三种文化阻滞力后，就进入到一种自身的"弱创造"②状态之中。中国现代文化的"弱创造"问题指的是："中国现代文化发展既不能产生与中国传统文化经典对等并立的优秀作品，也不能回答当代中国人个体创造性实现的时代问题，不能对西方文化资源创造性转化而停留在简单套用、阐释、运用的层面，提不出与西方文化经典在世界文化意义上其表现为个体丧失了基于自身生命感受经验和文化体验而进行文化创造的冲动与可能，而囿于对已有的现成的文化经验、理论的简单复制或者嫁接性转化，提不出自己的问题，更找不到自己的出路。"③这种"弱创造"在近代以来突出表现在知识分子寻求文化现代化的尝试之中，面对现实问题，从没有想到进行文化创造与突破，而是在现有的中西文化中寻找出路，以现成经验的复制粘贴。以至于到现在，中国仍然没有形成一个具有中国文化特征的、以中国文化"元理解"为基础的，适应当代中国人文化生活要

---

①吴炫.文学穿越论视角下的中国文学创造史观[J].文艺理论研究，2018，38（02）.

②吴炫.文学穿越论视角下的中国文学创造史观[J].文艺理论研究，2018，38（02）.

③刘云龙.批判创造视野下的中国个体异化问题[J].湘潭大学学报，2021（03）.

求的中国文化批评理论体系，而是一直处在各种理论的"中国化""时代化"之中，可以说处在一种嫁接和转化复制之中。在"弱创造"的文化环境里，个体放弃了创造的冲动，现实人生问题都变成了如何有效复制现有经验的问题，进而文化的发展方向则在于不断复制和转化，旋即个体也丧失了可以进行文化创造的环境土壤，文化的发展则进入一种无限趋同而又相对停滞的局面。

马克思批判"从前的一切唯物主义（包括费尔巴哈的唯物主义）的主要缺点是：对对象、现实、感性，只是从客体的或者直观的形式去理解，而不是把它们当做感性的人的活动，当做实践去理解，不是从主体方面去理解"①。人应对自我的感性具有主体性，即人应该拥有自我感性的全部现实，"人就是人的世界"②。对于个体而言，个体想拥有自身的主体性就必须拥有对于自身感性的主体性。"感性"基于个体自身个体性特点、自身生活环境、自身情感体验，进而形成关于自我生命和社会生活的直观感受，可以说个体的感性生命经验就是个体用"感性的感官"和"个性的感受"来抒写他的生活和他的世界。生命感受是情与欲的合体，同时个体生命感受有自己的尊严，受到威胁时敢于自我保护和抗争，个体以自身是一个独立的生命而独立捍卫自身，是感性生命经验得到自然表达的前提。中国传统文化对于个体感性生命经验的第一种异化，在于个体生命感受和价值的工具化。个体生命感受在文化中受到了伦理的束缚，一方面不能自由表达身之所受、心之所感，另一方面个体的生命尊严不能被保证和尊重，很大程度上成为种群繁衍和国家的工具性存在③。生命价值、生命力及生命尊严的被轻视，使得家族、民族、国家利益成为文化中的最高价

---

①马克思恩格斯文集：第1卷[M].北京：人民出版社，2009：499.
②马克思恩格斯文集：第1卷[M].北京：人民出版社，2009：3.
③孙隆基.中国文化的深层结构[M].北京：中信出版社，2015：22-23.

值，个体的责任与义务在于保证三者的最大化。从"遣妾一身安社稷，不知何处用将军"的和亲出塞到"一将功成万骨枯"的王朝，再到丰衣足食的盛世，无论政治文化还是世俗文化，个体在现实生活中的精神面貌和情感体验只要于身有"保"、于家有"传"、于国有"用"即可。个体生命在社会生活中产生的差异性感受也被一个人同此心而概括，传统文化中的个体在"礼"中表达"欲"，"礼"的同质性将"欲"的个体性差异抹杀，留下的是人伦意义上的"人性"而不是现实生命意义上的"人性"。在中国传统文化中，占据主导地位的儒道文化只能为个体的感性生命经验提供艺术情感抒发的空间，并使"私人"的文化概念以一种带有贬义色彩的方式出现，追求自身感性生命的丰富性的个体很难有好的结局，反映在文化作品中就是文学史常有的个体悲剧。从《孔雀东南飞》到《上邪》再到自沉的杜十娘，甚至是看着女鬼小倩往生的宁采臣，个体对于情爱的执着追求往往得到更为沉重的打击。

纵观人类文化历史的发展进程，无论是古希腊的悲剧、文艺复兴时期的绘画、雕塑，再或是雨果、巴尔扎克、欧亨利以及屈原、李白、杜甫、白居易等衮衮诸公，所有人的文化创造都是在个体的创造性实践中诞生，他们都从自我个体的视角在看着这个五彩斑斓的世界，无论在诗人和哲学家眼中这个世界是什么样子，都无法抹杀这些人类文化巨子作为个体的人在看世界的事实，同时也正是这些人的文化创造，又在影响一个又一个个体之后成为一个民族的文化经典。这些经典中真正能够留存下来的不是铿锵的诰令，不是向上帝的祷词，而恰恰是以生命为桥梁相联通的人的生命感受与体验，这种体验是以活生生的人的生命为过程。在近代百年来的中国文化发展中，我们能说出一些鲁迅、冰心等人的名字，但在现代的文化之中，我们却很难发现有一批"莫言"能够打动另一个文化世界的人。虽然说现代社会的节奏快、人们无心追求"诗意的栖居",但是在人的生活实践所带来的人关于生命的真实感受却是独一无二真实可感的,其实这也意味着当代中国文化能够在多大程度上影响世界,根本原因在于能否拿出不同于传统中国"宗经"思维下,服务"大一统"的工具性文化生命体验,和同于西方主导的现代意义文化的具有当代中国鲜活生命感受的个体创造性实践作品,并使这种作品能够将"弱创造"的局面打破,使得中国现代文化能够拥有一条属于自己的发展道路,有一条能够体现中国大地当代人真实的鲜活的生命体验和思考的文化发展道路,一条能够安放当代中国人文化个性和文化自由的发展之路。本书认为,破题之处就在于对"个体创造性实践"的呵护和珍视。

第三节　"个体创造性实践说"对于中国文化现代化发展问题的理论回应

在"个体创造性实践说"的理论视野中,对于个体的"此在"性与文化的"存在"性上,具有现世性的个体的"此在"具有绝对的先在性,正是这种"此在"考量,诞生了"创造"的前提——"个体化理解世界"的可能与问题。而"创造"则表现为一种being形态的感性对象性活动,"个体创造性实践"的结果绵延交织成文化的宇宙。个体的"此在"是理论的前提和关键,个体的此在性是由其自由个性所决定的,没有自由个性的个体只能是文化的造物和依附者,丧失了对于文化的先在主体性。所以解决中国文化的现代化发展问题首先在于实现中国个体之于文化存在的"主体性异化",使个体能够拥有和敢于表达自我的感性生命经验,表达其基于自身感性生命经验和对于文化"元理解"而产生的"再理解",从而对文化宇宙形成"个体化理解";其次在于消除个体的"创造性异化",将自由个性的创造活动还给"此在"的个体；再次在于重新审视文化发展，提出人类整体性文化建构思路的中国方案。

一、关注个体的"创造性实践"呵护"个体化理解世界"的创造尝试

中国文化中对于个体的压抑，使得个体不能真正面对自我感性生命经验，总是在社会功利性的对错判断中徘徊，个体被时常提醒是文化存在的承载者而非文化存在的创造者。个体的"此在"并不具有意义，只有进入到文化"存在"中安身，才能获得"栖居"的可能，从而也获得关于自身身份和认同，对于"个体化理解"文化世界，则常被定义为"离经叛道"。所以拥抱个体的自身的"此在"就在于摆脱"宗经"思维的束缚，获得拥抱个体真实的感性生命经验并敢于批判文化存在，提出自我的"个体化理解"答案。

老子在《道德经》中说"吾有三宝，曰慈，曰俭，曰不敢为天下先"①，"不敢为先"的思想，成为中国道家文化压制"个体创造性实践"的一种明确表现。在儒家文化中，个人的创造受到"宗经"思维的抑制，知识分子在思维方式上始终坚守"文以载道"，所有的个人生活经验，作为与现有经典相比以个人的生存为文化对象而生成的结果，一旦个人感受到与"道"不同，就不得不努力回归传统，个人失去了超越现有文化框架创造自我的可能性。儒家思想和道家思想构成了中国文化整体的稳定和变化的结构。个体在"入世"与"出世"的互动中生存和发展，是"宗经"思维实践的两种现象。儒道文化对"个体创造性实

---

①老子.道德经[M].杨广恩，译注. 北京：民主与建设出版社，2017：41.

践"始终是以"异类"的眼光去考察的，儒家以"仁"为核心建立的思想体系，法先王、师圣人、读经典，道家法地、法天、法自然，使得中国的现实个体在忧患中缺少自己的思想对"六经"的突破，也使得个体在"出世"隐遁中不再进行自己的思想创造而自得其乐。"宗经"使个人的文化选择只能在殿里和江湖，但第三选择是失踪，也就是说，个人可以选择根据自己的理解世界的方式，最后他们不知道，他们可以有这样的选择。"宗景"使个体基于感性生活经验对世界的理解和表达必须以经典为基础，所以个体对世界的理解被打磨成规则。如果他们失去了古典的基础，他们就会被认为是疯子或胡言乱语。"异端""胡说八道""胡言乱语"等判断的正当性，表明当代中国学者尚未有意识地认识到个体创造性实践的异化。这与中国文学创作对这种文化异化的审视和妥协形成了鲜明的对比：宋明时期萌芽的商业文化催生了"四大奇书"越轨情节的发生。兰陵笑笑生当现实生活中的真实情感蠢蠢欲动为清除性压抑文化的欲望而创作《金瓶梅》时，不仅不敢署名，还不得不为西门庆安排一个"死亡"的结局。破石而生的孙悟空，在提出大闹天宫后，不得不戴上金箍投靠佛祖，成为"道"中之人。无论一个人多么有个性，多么有创造力，无论他或她的生活多么现实，他或她最终都必须回归道学，在"宗经"的框架内进行自我实现。这种"宗经"思维在现当代中国人面对西学影响时更为突出：一方面，他们无法超越儒道功利主义的思维框架发展中国现代超功利主义哲学，另一方面，他们也不敢发现自己的实际问题，不敢改造西方文化。因此，在儒、道的文化积淀下，出现了"中体西用""全盘西化"的"弱创造"思想。这种"弱创造"表现为在现有的中西文化观念的基础上，在观念的整合中寻求出路。然而，由于中国的现代性问题和个体发育不介入，它只能看世界与现有的想法：传统中国缺乏西方的个人权利和民主的土壤，或依赖于儒家和道教谈论中国文化标准，中国个人创意文化体验的研究总是暂停。此外，如鲁迅一般的对中西文化的双重批判性审视也未被发掘；东亚文化不能创造出自己影响西方的现代化思想和理论，这一问题在学术界尚未得到探讨。所以到目前为止，中国现代文化哲学和文学批评还没有建立在对中国文化（先天八卦、连山、易）的"元理解"基础上的理论体系——所有关于"中国化"和"本土化"的讨论都只能建立在儒家和道家的文本之上，怎么可能有中国现代哲学的创造？中国现代哲学和文学理论只能"解释儒道经典"，其学术创新性质自然形成理论思想的"弱创造"。在"弱创造"的文化环境中，个体自觉放弃理论原创的冲动，执着于中西方意识形态理论的阐释，现实生活问题成为如何有效实践西方理论或儒道思想的问题。文化思想的发展自然进入无限循环和趋同的局面。创作者认可原创性但没人知道如何去做的学术状况。

"任何解放都是使人的世界即各种关系回归于人自身"[①]，文化的发展不应该以个人自由个性的发展为代价，否则在社会关系中的人只能是社会伦理法则的拥护者而不是创造者。但个体"弱创造"造成的中国文化异化并不是中国传统文化的普遍现象，因为个体在中国古典文学创作中，诸如司马迁修《史记》其"究天人之际，通古今之变，成一家之言"[②]的"个体创造性实践初衷"和其在对于史料剪裁的"猎奇"手笔，都超脱了孔子"春秋笔法"的史学传统。此外，苏轼在《东坡易传》中对于"生命流变"的思考也摆脱了"易传"的"吉凶"功利性思维，站在了生命的流动变化中去体察万物，洞见灵性。从《楚辞》的"香草美人"到司马迁的"一家之言"，再到苏轼的"生命流变"，下至鲁迅对于国人麻木的批判，他们都摆脱了对文化伦理的依附，而是自觉冲动地将"个体化理解世

①马克思恩格斯文集：第1卷[M].北京：人民出版社，2009：46.
②班固.汉书：第9册[M].北京：中华书局，1962：2735.

界"作为自己"醒着"的标准。虽然"万人皆醉我独醒"是孤独的甚至悲凉的，但通过突破"文载道"在儒家文化结构中形成的共鸣和启迪在一代又一代中国人心中，成为影响深远的经典作品，增加了中国人对自身文化的信心。儒道文化的文学批评经验和改造，成为中国文化哲学和文论应高度重视的现代性问题。

二、扬弃中国当代"个体创造性实践"压抑的理论出路

（一）中国当代"个体创造性实践"压抑的出路在于个体与文化固有的"对象性关系"的扬弃

实现人的解放是马克思主义的目标，人类的解放必须以每个个体的解放为标志。个体在文化上现实地实现自身的"自由个性"，就在于获得"创造"的条件与可能。"自由"即"创造"的"自由"，是"创造"得以可能的基础性条件，"个性"是"创造"的冲动与保障，没有"个性"的"创造"更不会实现。个体创造性实践是个体实践的扬弃，扬弃了实践中的固有"对象性关系"，使主体从被动接受"对象性关系"顺延实践关系，转变为主动处理"对象性关系"，从而从对实践的选择的"必然王国"进入到"自由王国"之中。旋即所有前设的实践结果都成为主体丰富和表达自身的素材而不是主体赖以存在的条件，在实现了创造的"自由"后，个体的个性就体现在通过重构了的"对象性关系"，将个体以自身生命经验和自身的个性理解对象性地创造世界。文化的发展需要个体创造性实践，个体在文化中的解放也呼唤"个体创造性实践"。中国当代个体在文化中被多重文化异化所压抑，同时也被剥夺了进行个体文化创造的材料和土壤，从而形成了自身"弱创造"的文化状态，在世界诸文化资源的面前是失语的，无法提出自己对世界

的理解并给出自己的答案。马克思主义文化哲学的立场在于现实地实现人的解放，实现每个个体的"自由个性"，使所有文化形态、文化资源都成为作为个体的人的现实地能够进行基于自身个性和生命力的文化实践改造的对象，同时也使个体作为主体拥有改造着这种"对象性"活动本身，获得不断扬弃现有一切对个体的文化束缚而不断地创新发展的可能。中国当代个体创造性实践所要解决的生命异化、个性异化、共同体异化及自身"弱创造"异化的问题在于扬弃固有的，与中国传统文化、与西方文化以及与自身文化性生存形式"对象性"存在的"对象性关系"纽带，重新获得在这种"对象性关系"的主体性乃至主导性，使自身获得在不同文化中、现实文化生活中，具有个体个性的"对象性"存在的文化个体自身，使自身真正拥有的生命力、感性的生命体验和文化生活感悟能够获得"自由个性"地"对象化"，为文化产品的可能与冲动。

（二）构建个体与儒、道互补传统文化结构、平等互动的新型"对象性关系"

改造和实现传统文化的当代转型发展，关键在于实现当代中国个体创造性实践从儒、道互补文化结构的生命、个性异化问题中解放出来，使个体、个体的生命、个体的个性能够在中国的传统文化之中实现和丰富自身，将自身的生命力、个体的生命感性经验在传统文化中能够对象性地展示出来，而不再处于一种非此即彼的、依附性的"对象性关系"之中。解决中国问题，需要先从中国经验下手，在中国古代流传至今的文学经典中，许多文学形象都十分具有生命力和鲜活性，无论人生结局如何，都愿意追寻自身在文化中的独立存在。还有不顾名教、放浪洒脱的文士，他们都抛弃了"文以载道"的使命，而将表达自身的生命感受与生命问题为目标。同时在庙堂之外的江湖中，如司马迁笔下的游侠，话本小说中的侠客都是游走于儒、道构建的世界观之外的有着鲜活生命力的人。经过了历史的黄沙，这些不被儒、道所接受的人和作品，一直流传至今，甚至远传海外，拥有了读者群，而君君臣臣父父子子的载道之作大多被束之高阁无人问津。这些非正统的文化能够活于当下，关键在于具有生命力的和感性生命经验的感知给了作品以温度，使之成为与千百年后读者产生共鸣的桥梁，在尊重人的生命力和创造力的维度上彼此相连。所以，应当充分发掘中国传统文化中已有的"个体创造性实践经验"并将其发扬光大，以期着力构建一个个体与儒、道文化对等互动的文化结构。不以符合儒、道文化标准为个体的文化存在性追求，而是将自身的生命经验、生命体验作为与儒、道文化平等对立的文化性存在，将个体的文化存在作为人的生命意识表达的对象化过程表现出来。在获得了构建自身与儒、道文化"对象性关系"的主导性地位后，个体就会充分获得将儒、道文化资源作为自身创造材料的现实可能性，从而在个体感性生命经验的基础上，进行文化创造，实现传统文化的现代转型。

三、在"个体创造性实践"意义上对人类文化的整体性可能的探讨

在"个体创造性实践"的理论视域中，怎样的个体"此在"必然会产生怎样的文化"存在"。当今经济全球化和信息技术的发展，个体已经具有了"世界性"，而不再单单是一种单一性性质文化存在下的个体，也就是说个体拥有了以全人类文化资源的感性生命经验和以全人类文化资源为材料的"个体化理解世界"之可能，从而使个体的创造具有"世界性"。当"个体创造性实践"具有"世界性"，那么整体性的人类文化就具有可能性。人类文化的这种可能性，并不在于实现"个体创造性实践"的统一性，而在于"个体化理解世界"的诸多可能之间的"和谐"，这种"和谐

的智慧"就是中国文化提供给人类整体性文化建构的中国智慧。在中国文化的发育史中，"庙堂""江湖""儒道""世俗"始终保持着一种内在的张力，这种张力就来自于中国传统文化虽然压抑"个体化理解世界"但并不消灭的文化相生智慧之中，这也正是中国文化"元理解"中"先天八卦"万物相生的生生之道。

面对整体性人类文化的发展趋势，就中国自身而言，我们必须找到与世界诸民族文化对等并立的可能。从"个体创造性实践"的理论出发，我们发现实现中国文化与其他诸民族文化的对等互动的可能就在于个体"此在"的感性生命经验之中。只有基于尊重生命、尊重"个体化理解世界"可能，才能实现对于儒道化"宗经"文化存在的超越，构建个体与世界诸文化平等互动的新型"对象性关系"。当代世界中数字经济和自媒体技术的深入发展，使个体日益成为驱动文化交流交往的主要动力，个体的文化创造和传播影响也越来越具有全球性。在人类整体性文化轮廓日渐清晰的过程中，个体与类、共同体文化的问题就是人类整体性文化建设需要解决的问题，这更是中国当代个体消除异化必须解决的问题，中国个体面临的文化异化问题既具有当代性又具有世界性。在当代世界中，个体与类文化时常处于紧张之中，不仅和母体文化如此，和其他文化交际更是如此。个体若想在文化上实现自身，则必须以现有的文化"对象性关系"为前提，主动选择已有样本，从而适应和发展自身在对应文化中的实践。"自由个性"的实现则由类文化的特质所决定，或者说由类文化所具备的与个体的对话方式即"对象性关系"所决定，个体在文化中现实的解放，就在于对这种被动性的"对象性关系"的积极扬弃和主动构建。在这一建构过程中，个体与人类文化的"对象性关系"实现就体现在个体与人类诸文化的交往中，个体不再是一个"对象性关系"的被动接受者，而开始转向成为面对诸多文化"对象性关系"的主导者。个体从一个被类文化决定的客体，跃升为类文化"对象性"存在的真实主体，个体在获得人类文化意义上的主体性后，个体便与人类文化获得了一种对等互动的关系，人类的诸文化就以一种文化材料的方式出现在了主体面前，个体真正成为拥有人类所有文化宝藏，而又能进行"个体创造性实践"的、实现文化中"自由个性"的个体。对于中国当代个体而言，获得与世界诸文化平等互动的可能，既可以摆脱近代以来对西方现有文化思潮的依赖，从中国文化自身思考中国文化能力问题，同时还是解决自身"弱创造"问题的出路。在当代个体以人类全部文化为自身材料的"个体创造性实践"中，个体拥有了基于人类全部文化财富而实现自身的可能，也摆脱了共同体文化的束缚，个体可以在不同的人类文化中对象性地生产自身的文化存在展示自身的生命力，个体获得的是自由地个性地实现自身的全部可能和全部条件。

结　论

　　文化哲学在西方的兴起是人类社会现代化发展而引发的深刻的现代性问题。价值世界的失落使得文化危机显得深刻而深远，人们无法感受作为人的价值存在，转变为理性、为资本所异化的存在。文化是文化哲学的理论视域，而文化的人何以可能、文化的人何以生成就是文化哲学本体论的本质性问题，也就是说文化哲学自诞生之时起就是人类将近代基于自然科学和理性思维构建的形而上学体系扬弃，转而寻求重新进行人的"发现"。在人文学科中，认识人的历史、人的当下和人的未来，澄明文化是什么，文化类型是什么，文化如何转型，整体性的人类文化是否会到来，文化哲学和文化人类学、历史学、心理学等多学科天然地交织在一起，成为理解文化，继而批判文化而使人不断获得澄明和自由个性而发展着。

　　在哲学本体论从存在论逐渐发展成生成论乃至功能论的过程中，文化哲学作为晚近兴起的哲学样态，自古希腊时期开始形成的理论思维和实践思维两大传统，在现代哲学的解释学、现象学、存在主义、文化哲学都十分清晰地继承了上至文艺复兴时期的人文主义传统，把人的生存方式、日常生活的世界当作了哲学必须关照的对象。文化哲学自出现伊始就具有天然的实践思维色彩，是清晰明了的实践哲学。实践的本体是文化哲学安身立命的居所，毫无疑问在近代形而上学唯物主义实体性的必然王国中努力挣脱出的"人"，又在新的"理性"的异化下苟延残喘，文化的危机和衰落变得前所未有的尖锐和清晰。阿尔贝特·施韦泽在《文化哲学》一书序言中说到文化归根到底是一种肯定世界和生命的态度①，对于现代社会所面临的文化衰落，则关键在于哲学的失职②。施韦泽认为哲学放弃了为文化输入精神世界的价值支撑，而只是跟随在自然科学之后匆忙地去做些解释而自以为完成了任务，最终造成了文化与现实的断裂。同时自我又陷于一种悲观之中，文化哲学的诞生和使命就是要将对于人的生命的积极肯定重新安置在哲学中央，构建文化理想的动能。

"创造"，现世存在的个体的自由个性的文化实践活动，是文化存在论的第二维度。文化虽然不是自然演化而来的客观实在，但当"个体创造性实践"活动结束，作为done形态的文化存在出现到社会交往中成为社会共识后，无论是文化符号抑或文化现象，其自身所承载的文化意义和社会意义都对于后继个体有着客观实在性的存在性规训。可以说在个体以生命获得加工材料后，"个体创造性实践"的活动使文化真正得以显现，文化成为无数个体生命本质力量对象化后形成的文化存在合集，从而获得了类存在的特性。通过"个体创造性实践"文化拥有了存在的身体和发展的可能。文化的本质即是"个体创造性实践"，何种个体就会有何种自由个性的创造活动，个体之间伴随着社会交往和生产实践拓展而出的社会关系网络将全部的文化创造结果放入社会交往之中逐渐定型，人类的诸文化形态也随之诞生和发展。

---

①[法]阿尔贝特·施韦泽.文化哲学[M].陈泽环，译.上海：上海人民出版社，2017：26.
②[法]阿尔贝特·施韦泽.文化哲学[M].陈泽环，译.上海：上海人民出版社，2017：47.

参考文献

[1]马克思恩格斯全集:第40卷[M].北京:人民出版社,1965.

[2]马克思恩格斯文集:第1卷[M].北京:人民出版社,2009.

[3][德]马克思.资本论:第1卷[M].北京:人民文学出版社,1975.

[4][德]马克思.1844年经济学哲学手稿[M].北京:人民出版社,2000.

[5][法]柏格森.创造进化论[M].姜志辉,译.北京:商务印书馆,2004.

[6][英]泰勒斯.柏拉图生平及其著作[M].谢随知,等,译.济南:山东人民出版
    社,1991.

[7][英]罗素.西方哲学史:上卷[M].何兆武,李约瑟,译.北京:商务印书馆,2004.

[8][法]笛卡尔.第一哲学沉思录[M].徐陶,译.北京:九州出版社,2007.

[9][英]洛克.人类理解论[M].马昆,译.北京:中国社会科学出版社,1999.

[10][意]维柯.新科学[M].朱光潜,译.北京:人民出版社,1986.

[11][德]雅斯贝斯.历史的起源与目标[M]魏楚雄,俞新天,译.北京:华夏出版
    社,1989.

[12][德]雅斯贝斯.时代的精神状况[M].王德峰,译.上海:上海译文出版社,1997.

[13][英]汤因比.历史研究[M].上海:上海人民出版社,1997.

[14]袁贵仁.马克思的人学思想[M].北京:北京师范大学出版社,1999.

[15]陈学明.西方马克思主义论[M].沈阳:辽宁教育出版社,1991.

[16]俞吾金,等.国外马克思主义哲学流派[M].上海:复旦大学出版社,1990.

[17]朱谦之.文化哲学[M].北京:商务印书馆,1990.

[18]刘述先.文化哲学[M].哈尔滨:黑龙江教育出版社,1988.

[19]许苏民.文化哲学[M].上海:上海人民出版社,1990.

[20]李荣善.文化学引论[M].西安:西北大学出版社,1996.

[21]韩民青.文化论[M].南宁:广西人民出版社,1989.

[22]刘进田.文化哲学导论[M].北京:法律出版社,1999.

[23]洪晓楠.文化哲学思潮简论[M].上海:上海三联书店,2000.

[24]何萍.马克思主义哲学与文化哲学[M].武汉:武汉大学出版社,2002.

[25]邹广文.文化哲学的当代视野[M].济南:山东大学出版社,1994.

[26]邹广文.人类文化的流变与整合[M].长春:吉林人民出版社,1998.

[27]李鹏程.当代文化哲学沉思[M].北京:人民出版社,1994.

[28]杨善民.文化哲学[M].济南:山东大学出版社,2002.

[29]衣俊卿.文化哲学[M].昆明:云南人民出版社,2001.

[30]衣俊卿.回归生活世界的文化哲学[M].哈尔滨:黑龙江人民出版社,2000.

[31]衣俊卿.现代化与日常生活批判[M].北京:人民出版社,2005.

[32][德]康德.纯粹理性批判[M].邓晓芒,译.北京:人民出版社,2004.

[33][德]黑格尔.历史哲学[M].王造时,译.上海:上海书店出版社,2009.

[34][奥]西格蒙德·弗洛伊德.弗洛伊德自传[M].顾闻,译.上海:上海译文出版社,1987.

[35][奥]西格蒙德·弗洛伊德.弗洛伊德后期著作选[M].林尘,等,译.上海:上海译文出版社,1996.

[36][德]尼采.查拉斯图拉如是说[M].钱春绮,译.北京:生活·读书·新知三联书店,2007.

[37][德]尼采.我们缺什么:尼采的生命哲学[M].龙倩,译.西安:陕西师范大学出版社,2007.

[38][德]尼采.生命的意志[M].朱泱,等,译.武汉:长江文艺出版社,2009.

[39][德]奥托泽曼.希腊罗马神话[M].周惠,译,上海:上海人民出版社,2005.

[40][俄]瓦季姆·梅茹耶夫.文化之思——文化哲学概观[M],郑永旺,等,译.哈

尔滨:黑龙江大学出版社,2019.

[41]何萍.马克思主义哲学与文化哲学[M].武汉:武汉大学出版社,2002.

[42][德]卡西尔.人论[M].甘阳,译.上海:上海译文出版社,1985.

[43][德]卡西尔.符号·神话·文化[M].李小兵,译.北京:东方出版社,1988.

[44][意]安·拉布里奥拉.关于历史唯物主义[M].杨启潾,等,译.北京:人民出版社,1984.

[45][意]葛兰西.狱中札记(英文)[M].劳伦斯和维沙特出版社,1971.

[46]袁珂,周明.中国神话资料萃编[M].成都:四川省社会科学院出版社,1985.

[47]张宇初.清河内传·腾六·元始上真众仙记[M].上海:上海涵芬楼影印,1923.

[48]顾颉刚.古史辨自序[M].石家庄:河北教育出版社,2001.

[49]何新.诸神的起源[M].北京:光明日报出版社,1996.

[50]周易译注[M].黄寿祺,张善文,译.北京:中华书局,2016.

[51]许慎.说文解字[M].北京:九州出版社,2001.

[52]丁山.古代神话与民族[M].北京:商务印书馆,2015.

[53]诸子集成:第3卷[M].北京:中华书局,1954.

[54]郭绍虞.中国历代文论选[M].上海:上海古籍出版社,2001.

[55]袁珂.山海经全译[M].北京:北京联合出版公司,2016.

[56]袁珂.中国神话史[M].上海:上海文艺出版社,1988.

[57]杨伯峻.论语译注[M].北京:中华书局,1958.

[58]刘小枫.诗化哲学[M].济南:山东文艺出版社,1986.

[59]诗经[M].刘毓庆,李蹊(译注).北京:中华书局,2011.

[60]罗宗强.魏晋南北朝文学思想史[M].北京:中华书局,1996.

[61]孙隆基.中国文化的深层结构[M].北京:中信出版社,2015.

[62][法]阿尔贝特·施韦泽.文化哲学[M].陈泽环,译.上海:上海人民出版社,2017.

[63]刘振怡.文化哲学的合法性探究——从卡西尔的符号文化哲学说起[J].求是学刊,2010(05).

[64]李金辉.海德格尔现象学:一种文化哲学的反思[J].天津社会科学,2014(01).

[65]吴炫,刘云龙.创造的本体:个体化理解世界[J].江苏行政学院学报,2020(04).

[66]张志刚.从理性批判到文化批判——论卡西尔的思想转折[J].德国哲学论文集,1992(02).

[67]吴炫,张丽峰.文学经典的批判创造性解读[J].湘潭大学学报,2021.

[68]杨坤雨,赵鑫.浅析中国古代墓葬艺术——以秦始皇陵为例[J].大众文艺,2020(05).

[69]南志刚.浅论先秦诸子对个性的认识[J].淮南师专学报,1988(03).

[70]常亚宾.浅论《山海经》中的反抗神[J].美与时代,2021(07).

[71]吴炫.文学穿越论视角下的中国文学创造史观[J].文艺理论研究,2018(38).

[72]侯才.马克思的"个体"和"共同体"概念[J].哲学研究,2012(1).

[73]卜祥记.呈现形而上学的根基——马克思对施蒂纳批判的批判[J],江淮论坛,2015(11).

[74]李丽丽.何为现实的个人?何为真实的共同体?——马克思对施蒂纳的批判与超越[J].山东社会科学,2013(05).

[75]李文堂.马克思关于"人"的概念[J],南京大学学报(哲学.人文科学.社会科学),2010(06).

[76]聂锦芳."现实的个人"与"共同体"关系之辨——重温马克思、恩格斯对一个重要问题的阐释与论证[J].哲学研究,2010(11).

[77]洪晓楠.中国当代文化哲学的理论特征[J].中州学刊,1996(01).

[78]洪晓楠.中国当代文化哲学的时空背景和演进规律[J].哲学动态,1995.

[79]洪晓楠.从科学哲学到文化哲学[J].自然辩证法通讯,1999(1).

[80]洪晓楠.论20世纪文化哲学思潮的发展[J].大连理工大学学报,1999(2).

[81]洪晓楠.文化哲学研究的回顾与展望[J].哲学动态,2000(12).

[82]邹广文.试论文化哲学的理论源流[J].文史哲,1995(1).

[83]邹诗鹏.文化哲学的现代性立场[J].求是学刊,2000(4).

[84]黄正泉.文化哲学的特征分析[J].湖南农业大学学报,2003(2).

[85]王雨辰.当代西方马克思主义文化哲学论纲[J].青海社会科学,1999(4).

[86]王雨辰.略论西方马克思主义文化哲学的转向[J].世界哲学,2002(5).

[87]王雨辰.哲学范式的变革与当代马克思主义哲学的发展[J].理论月刊,1999.

[88]王雨辰.试论西方马克思主义的和谐社会理论[J].山东社会科学,2005.

[89]王雨辰.文化价值批判与解放的乌托邦[J].国外社会科学,2004(5).

[90]李晓东.西方文化哲学的理论形态探析[J].唯实,2001(7).

[91]李晓东.西方马克思主义文化观[J].山东社会科学,2001(2).

[92]衣俊卿.双重文化背景中哲学理性的位移[J].开放时代,2001(3).

[93]衣俊卿.文化哲学:一种新的哲学范式[J].江海学刊,2000(1).

[94]衣俊卿.文化哲学未来哲学的自觉形态[J].社会科学战线,1999(2).

[95]衣俊卿.论文化哲学的理论定位[J].求是学刊,2006(4).

[96]衣俊卿.论西方马克思主义的理论定位与批判指向[J].广东社会科学,2003(2).

[97]衣俊卿.西方马克思主义的哲学范式转换及其启示[J].江苏社会科学,2006.

[98]丁立群.文化哲学何以存在[J].求是学刊,1999(1).

[99]丁立群.文化哲学:一种新的综合[J].社会科学战线,2003(3).

[100]张永红."个体"与"类"谁是发展的目的——对马克思人的全面发展理论的重新解读[J].河北学刊,2010(7).

[101]黄克剑."个人自主活动"与马克思历史观[J].中国社会科学,1988(5).

[102]王静.赫勒的个体解放理论及其启示[J].求是学刊,2012.

[103]李志.论"个体"在马克思思想中的位置[J].贵州大学学报(社会科学版),2020(3).

[104]吴炫,路遥.基于批判创造性思维的中国现代文化自信[J].学习与探索,2020(2).

[105]李飞.马克思个体思想初探[D].重庆:西南政法大学,2018.

[106]周伟婷."个体——共同体"视域中马克思与施蒂纳思想关系研究[D].北京:中共中央党校,2018.

[107]王宏宇.文化哲学:实践哲学的当代形态[D].哈尔滨:黑龙江大学,2007.

[108]车英衔,贾萧姗.马克思主义文化哲学及其现实意义[J].文化产业,2021(13).

[109]王杨秀.劳思光文化哲学思想研究[D].哈尔滨:黑龙江大学,2021.

[110]贾佳慧,孙畅.作为文化空间的社会主义——兼论梅茹耶夫的文化哲学思想[J].今古文创,2021(07).

[111]阎毅.马克思主义文化哲学及其现实意义[J].学理论,2020(11).

[112]刘新刚,王子旭,卢鑫.马克思文化哲学革命及其当代价值[J].云梦学刊,2020,41(06).

[113]高树博.论科拉科夫斯基的神话思想[J].四川大学学报(哲学社会科学版),2020(04).

[114]冯凯.马克思经典著作中的文化思想研究[D].大庆:东北石油大学,2020.

[115]李文晴.文化哲学视角下中西方经典名言的哲学意蕴分析[J].作家天地,2020(12).

[116]李爽.虚拟文化下的人际交往[D].合肥:中国科学技术大学,2020.

[117]陈珊.庞朴"一分为三"说研究[D].济南:山东大学,2020.

[118]王玥.文化哲学视域下新时代中国文化认同研究[D].延安:延安大学,2020.

[119]贺旭.习近平知行合一观研究[D].延安:延安大学,2020.

[120]汪育俊.毛泽东与孙武子的军事文化哲学比较研究[J].孙子研究,2020(03).

[121]刘晶.马克思文化观及其当代价值研究[D].哈尔滨:哈尔滨师范大学,2020.

[122]范成龙.文化哲学视野下的高校思想政治教育有效性研究[D].扬州:扬州大学,2020.

[123]陆婵娟.马克思博士论文的文化哲学思想探析[J].现代商贸工业,2020,41(10).

[124][俄]А.С.扎佩索茨基,А.П.马尔科夫.瓦季姆·梅茹耶夫的文化思想[J].杜宇鹏,译.学术交流,2020(04).

[125]费凡.辩证法角度下的卡西尔文化哲学[J].汉字文化,2020(04).

[126]袁鑫,阎孟伟.文化哲学的本体论诉求——卡西尔文化哲学思想探析[J].世界哲学,2020(01).

[127]李宝文.文化哲学:马克思主义研究的重要范式[J].思想政治教育研究,2019,35(05).

[128]何萍.1949年以来中国马克思主义哲学的逻辑进路——为庆祝中华人民共和国成立70周年而作[J].武汉科技大学学报(社会科学版),2019,21(05).

[129]周文权.唯物史观视域下卡西尔文化哲学思想研究[D].长春:中共吉林省委党校,2019.

[130]王婧.文化哲学视域下的人类命运共同体研究[J].文学教育(下),2019(05).

[131]王红艳.胡锦涛意识形态建设思想研究[D].扬州:扬州大学,2019.

[132]吴昕炜.21世纪马克思主义哲学发展路径的反思与前瞻[J].当代中国马克思主义哲学研究,2017(00).

[133]熊仕刚.马克思《巴黎手稿》中的文化维度[D].重庆:西南大学,2019.

[134]韩美群.马克思主义文化本质观论略[J].中原文化研究,2019,7(01).

[135]郝菲菲,龚小聪.文化哲学视域下的青年马克思实践观[J].世纪桥,2019(01).

[136]周君才.实践中的互动文化观:杨宪邦文化哲学思想启示[J].宜宾学院学报,2018,18(08).

[137]刘然.马克思主义哲学视域中的文化哲学研究[J].思想教育研究,2018(07).

[138]刘晓波.习近平文化自信思想研究[D].石家庄:河北师范大学,2018.

[139]孙秀成.文化观照与理性建构:文化哲学视阈下的虚拟社会研究[D].武汉:华中师范大学,2018.

[140]阎宇番.马克思经典著作中的文化哲学思想研究[D].广州:华南理工大学,2018.

[141]浦家滢.文化境界的人本属性及其现实样态[J].山西青年,2018(07).

[142]邹琨.《新民主主义论》中的文化哲学及其当代价值[J].盐城师范学院学报(人文社会科学版),2017,37(05).

[143]曹紫建,周楚惠.文化哲学视域下马克思主义大众化路径探微[J].大连干部学刊,2017,33(08).

[144]林明晓.实践唯物主义不是方法[J].长江丛刊,2017(21).

[145]樊旭娜.马克思主义哲学视域下卡西尔人性观的探析[D].上海:上海师范大学,2017.

[146]秦慧慧.马克思实践视域中的文化批判思想研究[D].武汉:武汉大学,2017.

[147]刘自身.现代文化哲学的演变[J].唐山文学,2017(04).

[148]孙宁鑫.马克思主义视域下梁漱溟文化哲学思想研究[D].镇江:江苏大学,2017.

[149]王峰.试论马克思主义文化哲学及其传统[J].新西部(理论版),2017(04).

[150]于春玲.《资本论》对技术的文化哲学之思[J].马克思主义与现实,2017(01).

[151]连杰."生命"与"总体"的交错:青年卢卡奇的文化哲学[J].国外理论动态,2016(08).

[152]亓梦楠.文化危机及其出路[D].武汉:华中师范大学,2016.

[153]蒋宛融.卡西尔《人论》中的文化与解放思想[D].昆明:云南大学,2016.

[154]包力维.论波什尼雅克社会主义宗教文化哲学问题[J].中外文化与文论,2016(02).

[155]罗楠.现代文化哲学的演变[J].唐山文学,2016(04).

[156]袁小云.试论马克思的文化哲学思想——从《1844年经济学哲学手稿》、《德意志意识形态》到《共产党宣言》[J].宜春学院学报,2010,(05).

[157]孟庆艳.从文化哲学的视角看马克思主义整体性[J].社会科学战线,2015(12).

[158]吕帅.《资本论》的文化哲学观及其当代价值研究[D].北京:北京理工大学,2016.

[159]于春玲,任晓萌.马克思唯物史观形成时期的技术之思——基于文化哲学的视角[J].长沙理工大学学报(社会科学版),2015,30(06).

[160]任百成.人化与化人——马克思文化哲学的主体向度[J].湖北经济学院学报(人文社会科学版),2015,12(09).

[161]万光侠.培育践行社会主义核心价值观的传统文化向度[J].山东青年政治学院学报,2015,31(05).

[162]李嘉楠.马克思文化哲学视野下的社会主义核心价值观[D].哈尔滨:哈尔滨师范大学,2015.

[163]文明.马克思的文化哲学研究[D].重庆:重庆师范大学,2015.

[164]卢国琼.马克思的文化思想及其对我国文化强国建设的实践价值研究

[D].武汉:中南民族大学,2015.

[165]刘欢.中国梦的人民主体性研究[D].新乡:河南师范大学,2015.

[166]李佳芹.文化哲学视域下的马克思主义理论及其在东西方发展研究[D].南昌:江西农业大学,2015.

[167]古静.马克思主义哲学大众化的路径研究[D].重庆:中共重庆市委党校,2015.

[168]冯丹.马克思文化观研究[D].大连:大连理工大学,2015.

[169]丁立群.深化文化哲学研究的思想路径[J].中国社会科学评价,2015(02).

[170]李丽.雷蒙德·威廉斯文化哲学思想研究[D].哈尔滨:黑龙江大学,2015.

[171]周可真.简论西方自然哲学的历史演变——兼论马克思和恩格斯的自然哲学贡献[J].江苏行政学院学报,2015(02).

[172]刘振怡.马克思唯物史观的文化哲学解读[J].学术交流,2014(11).

[173]王菲菲,李广平.论卢卡奇物化理论的文化哲学意义[J].社科纵横,2014,29(10).

[174]高辰旭.张岱年综合创新文化观研究[D].杭州:中共浙江省委党校,2015.

[175]汤丽芳.马克思文化哲学思想的批判维度探讨[J].传承,2014(08).

[176]陈世珍.解读《实践论》、《矛盾论》的三种视域[J].中国人民大学学报,2014,28(04).

[177]王立军.当代中国先进法律文化的主体性内涵研究[D].兰州:兰州理工大学,2014.

[178]王爽.马克思人学视野下文化人的生成研究[D].石家庄:河北师范大学,2014.

[179]刘伟.《1844年经济学哲学手稿》文化思想研究[D].广州:华南理工大学,2014.

[180]吴浪菊.马克思文化思想的演进逻辑研究[D].上海:上海师范大学,2014.

[181]赵敏.《1844年经济学哲学手稿》中的文化哲学思想研究[D].海口:海南师范大学,2014.

[182]于春玲,陈凡.马克思技术批判之现代性根基的文化哲学解析[J].科学技术哲学研究,2014,31(02).

[183]胡加嗣.毛泽东文化哲学及其当代价值研究[D].上海:上海师范大学,2014.

[184]杜爱萍.资源文化研究[D].呼和浩特:内蒙古师范大学,2014.

[185]陈阳.文化进化论批判[D].哈尔滨:黑龙江大学,2014.

[186]任百成.实践论文化哲学——马克思文化哲学研究的新视野[J].安徽行政学院学报,2013,4(04).

[187]挥海燕.张岱年文化哲学思想探析[D].大连:大连理工大学,2013.

[188]陈珊怡.文化创新的哲学思考[D].福州:福建师范大学,2013.

[189]童诗媛.马克思文化思想论析[D].郑州:郑州大学,2013.

[190]罗顼.马克思主义文化方法论及其应用价值[D].衡阳:南华大学,2013.

[191]冯光春.论马克思文化哲学思想及其对社会主义文化强国建设的指导意义[D].成都:四川师范大学,2013.

[192]李宏.马克思主义视域下的"文化自觉"探微——基于马克思文化哲学思想[J].攀登,2012,31(06).

[193]邓蕊.对政治实践的呐喊[D].成都:四川外语学院,2012.

[194]王彬玮.马克思主义哲学中的"文化"定义探析[D].郑州:河南大学,2012.

[195]孙杰.马克思主义文化哲学重构探讨[J].现代商贸工业,2011,23(21).

[196]马寅卯.从文化哲学到文明理论——陈筠泉先生的哲学探索[J].高校理论战线,2011(06).

[197]黑鹏杰.延安时期马克思主义哲学中国化研究[D].延安:延安大学,2011.

[198]邓莉莎.马克思《1844年经济学哲学手稿》文化观研究[D].南宁:广西大学,2011.

[199]何振鹏.文化哲学研究的实践生存论回应[J].前沿,2011(10).

[200]周燕春.布尔迪厄文化哲学研究[D].福州:福建师范大学,2011.

[201]李乐.文化发展动力研究[D].衡阳:南华大学,2011.

[202]刘振怡.马克思的实践哲学与文化哲学[J].马克思主义哲学论丛,2010(02).

[203]马静.当代中国社会转型时期的文化冲突问题研究[D].秦皇岛:燕山大学,2010.

[204]何萍.马克思主义哲学的内史与外史的书写[J].马克思主义与现实,2010(03).

[205]杨佩夫.论文化对人的自由发展的作用[D].合肥:安徽大学,2010.

[206]李飞,刘卓红.文化哲学视域下马克思哲学与先秦儒家思想的融通性建构——兼论中国化马克思主义文化哲学的理论基础[J].中国特色社会主义研究,2010(01).

[207]马国水.马克思主义哲学与文化哲学的同一性[J].今日南国(理论创新版),2010(01).

[208]于春玲,李兆友.马克思《1844年经济学哲学手稿》中的技术观——基于文化哲学视角的阐释[J].自然辩证法研究,2009,25(12).

[209]王宏宇.略论实践哲学与文化哲学[J].学术交流,2009(10).

[210]任晓东.论文化软实力与和谐社会的关系[D].太原:山西大学,2009.

[211]陈娟.解读《1844年经济学哲学手稿》中的文化思想[J].菏泽学院学报,2009,31(03).

[212]黄辉.景德镇陶瓷文化生成与发展机制探析[D].昆明:昆明理工大学,2009.

[213]刘洪宇.论延安时期的毛泽东文化哲学[D].长沙:湖南师范大学,2009.

[214]程金生.多维视野下的文化本质的形上透视[J].江西师范大学学报(哲学社会科学版),2009,42(02).

[215]洪晓楠,林丹.马克思主义文化软实力理论述要[J].大连理工大学学报(社会科学版),2009,30(01).

[216]何萍.马克思的文化哲学及其传统[J].南京大学学报(哲学.人文科学.社会科学版),2008,45(06).

[217]张选朝.马克思实践生存论视域中的主体间性理论研究[D].昆明:昆明理工大学,2008.

[218]郭建宁.当代中国马克思主义哲学的新发展[J].学习与探索,2008(05).

[219]苗伟.走向文化哲学:马克思主义哲学当代发展的文化逻辑[J].实事求是,2008(05).

[220]苗伟.马克思主义哲学当代发展的文化转向[J].新疆社科论坛,2008(04).

[221]梅超.胡适中西文化观及其马克思主义解读[D].南宁:广西大学,2008.

[222]冯叶婷.英国新马克思主义文化哲学研究的转向[D].太原:山西大学,2008.

[223]尤娟.伊格尔顿文化哲学思想的社会批判意义[D].太原:山西大学,2008.

[224]陈庆璞.卡西尔符号论和马克思主义艺术理论比较研究[D].济南:山东大学,2008.

[225]于春玲,李兆友.作为文化批判的技术批判——马克思技术观的文化哲学解析[J].科学技术与辩证法,2007(05).

[226]李宏斌.休谟问题与当代哲学观的重建[J].延安大学学报(社会科学版),2007(04).

[227]何萍.马克思"实践的唯物主义"的文化哲学品格[J].求是学刊,2007(03).

[228]邹诗鹏."西马"当代资本主义研究的文化及历史哲学检视[J].南京大学学报(哲学.人文科学.社会科学版),2007(02).

[229]霍桂桓.略论文化哲学在马克思实践哲学中的地位[J].西安交通大学学报(社会科学版),2007(02).

[230]霍桂桓.当前中国文化哲学研究的问题和出路[J].西北师大学报(社会科学版),2007(01).

[231]孙勇.构建和谐校园的文化诉求[D].哈尔滨:黑龙江大学,2006.

[232]孙亮."两种范式"梳理与马克思主义哲学演进逻辑的合法性——与衣俊卿教授商榷[J].探索,2006(05).

[233]雷龙乾.中国现代化哲学历史演进的四种理论形态[J].学术论坛,2005(08).

[234]何萍.美国"文化的唯物主义"及其理论走向[J].武汉大学学报(哲学社会科学版),2004(02).

[235]李庆云.文化哲学专题研讨综述[J].武汉大学学报(哲学社会科学版),2004(02).

[236]徐健.现代西方语境中早期"文化研究"的理论阐述[D].西安:陕西师范大学,2004.

[237]孙德忠.文化哲学当代意蕴的开掘——《马克思主义哲学与文化哲学》读后感[J].学术研究,2003(06).

[238]杨华.从政治经济批判到社会文化批判[D].哈尔滨:黑龙江大学,2003.

[239]刘翠.人的生存本体论结构[D].哈尔滨:黑龙江大学,2003.

[240]罗兰容.论毛泽东文化哲学[D].湘潭:湘潭大学,2003.

[241]郑广永.由狭义、广义文化观到新文化观——兼论文化观与唯物史观的关系[J].学习与探索,2003(01).

[242]胡刘,祝莉萍.马克思的价值理论及其当代意义[J].北方论丛,2002(05).

[243]王雨辰.青年卢卡奇的文化哲学初探[J].武汉大学学报(人文科学版),2002(03).

[244]李春华.马克思实践哲学的文化哲学意蕴[D].哈尔滨:黑龙江大学,2002.

[245]衣俊卿.关于马克思学说的双重解读[J].学术研究,2001(12).

[246]衣俊卿.论世纪之交中国哲学理性的走向[J].求实,2001(01).

[247]李楠明.马克思主义哲学50年的历史轨迹及其内在逻辑[J].求是学刊,2000(04).

[248]洪晓楠.论冯契的文化哲学思想[J].中州学刊,2000(03).

[249]李燕.实践的批判:马克思主义文化哲学探源[J].中国人民大学学报,1995(04).

[250]开拓文化哲学的新领地:日常生活批判——访衣俊卿博士[J].哲学动态,1995(01).

[251]肖前,陈朗.论文化的实质和人的发展[J].江淮论坛,1992(04).

[252]程伟礼.唯物史观:中国现代化的文化哲学基础[J].复旦学报(社会科学版),1992(03).

[253]Agnes Heller.The Theory of Need in Marx[M].New York:St.Martin's Press,1976.

[254]Agnes Heller.A Theory of History[M].London,Bostonand Henley:Routledge and Kegan Paul,1982.

[255]Agnes Heller.A Philosophy of Morals[M].Basil Blackwell Cambridge,Mass.,USA,1990.

[256]Agnes Heller.Can Modernity Survive?[M].Berkeley:University of California Press,1990.

[257]Agnes Heller.A Philosophy of History in Fragments[M].Oxford:Blackwell,1993.

[258]Agnes Heller.An Ethics of Personality[M].Oxford:Blackwell,1996.

[259]Fehér,Ferenc.The Frozen Revolution:An Essay on Jacobinism[M].Cambridge:Cambridge Univ.Press,1987.

[260]Albert Schweitzer.The Historical Jesus Quest[M].New York:The Macmillan Company,1961.

[261]Albert Schweitzer.reverence for life.Reginald H.Fuller[M].New York:Harper&Row,1969.